CUINA X SOLTERS

La cuina de mercat d'Ismael Prados

CUINA X SOLTERS

La cuina de mercat d'Ismael Prados

RBA La Magrana
TRIACOM audiovisual
TV3

Llibre realitzat amb llicència de Televisió de Catalunya, SA

Primera edició: març de 2005

Disseny i realització editorial: Critèria, sccl

Llibre basat en el programa de televisió *Cuina x solters*,
produït per Televisió de Catalunya, SA en col·laboració amb Triacom Audiovisual, SL

www.tvcatalunya.com/botiga

Edicions de La Magrana, SA
Pérez Galdós, 36, 08012 Barcelona
Telèfon: 93 217 00 88. Fax 93 217 11 74.
www.rbalibros.com/magrana@rba.es

Llibre realitzat amb la participació de Triacom Audiovisual SL, www.triacomaudiovisual.com,
i la col·laboració de M. Lluïsa Farré, la Dra. Montse Folch i Ismael Prados.

Fotografies d'Enrique Marco excepte les pàgines 15, 16 i 17.

Ref.: MAG-862
ISBN: 84-7871-311-5
Dipòsit legal: B. 9663-2005
Imprès per Egedsa

Sumari

La cuina de mercat

Mengem. Tots mengem. És una d'aquelles coses que fem cada dia sense excepció; el fet de no poder-ho fer es considera un símptoma inequívoc que la cosa no rutlla gaire bé. Alguns mengen amb ansietat, altres en permanent comunió amb l'anhel d'emportar-se la teca tan a prop de les dents que no tenen ni amics ni parents. Quan algú ens posa el plat a taula, fem cara d'absoluta indiferència, o de gratitud, o inflem les galtes tot abaixant les celles en senyal que no ens agrada el que hi ha. Vigilem de no empassar massa de pressa, de no embrutar-nos la camisa el dia de Nadal amb el suc que escupen les gambes per la part del cap, quan prou feina tenim a recordar com vàrem aconseguir-ho l'any passat amb forquilla i ganivet. La manera com ens comportem davant del fet humà de menjar, i totes les connotacions socials que se'n desprenen són veritable objecte d'estudi antropològic i conformen gran part de la informació visual que s'emporten els altres de nosaltres mateixos. Però no hem d'oblidar el sentit primer, animal (sense ofendre), de tot plegat. El que nosaltres resumim amb la paraula *menjar* és també el fet humà d'alimentar-se, que pot discernir-se del fet cultural, però no separar-se.

A aquestes alçades tots nosaltres som sobrerament conscients que el ritme de la vida ha canviat, que les àvies d'avui ja no fan aquella feina soferta de vetllar tot el dia pel servei als altres, que la mare i el pare treballen, i que no sempre es coincideix amb la parella a l'hora de dinar... *c'est la vie*! Davant d'aquesta realitat, ens cal un sistema prou flexible que ens permeti mantenir un control real i exhaustiu del que mengem, del que gastem a l'hora d'alimentar-nos i del temps que hi dediquem, i que, finalment, ha de facilitar-nos la feina. De fet, pot considerar-se una feina paral·lela a la que duem a terme en horari laboral. Però, a diferència d'aquesta, la feina que es deriva del fet de menjar no es cobra ni la fa ningú per nosaltres. Això, però, no vol dir que s'hagi de veure com una càrrega del dia a dia, perquè posar-s'hi només és qüestió de no permetre que el desconeixement ens aclapari i ens hi faci renunciar abans d'hora. Posar-s'hi és tan senzill com fer una primera passa.

La primera confusió a la que ens porta el fet d'alimentar-nos és pensar que hem de saber cuinar molt bé per nodrir-nos correctament. Això, amics meus, i no em cansaré de repetir-ho, no és així... El que per a mi sí és absolutament necessari és el coneixement dels aliments: saber què ens aporten, quins són els seus avantatges, la seva cocció real (i això vol dir saber quines coccions en respecten els valors i el sabor), la seva conservació i el seu preu.

Un altre aspecte important: cal diversificar el registre dels aliments que consumim i familiaritzar el nostre paladar amb sabors i textures diferents. Això és bàsic per treure'ns la sensació de monotonia setmanal que moltes vegades trobem en la nostra dieta. Afortunadament, avui en dia tenim al nostre abast un amplíssim registre d'aliments de les més pintoresques procedències. Si, a més, som conscients de la gran llista de components que necessita el cos, així com de les quantitats i la freqüència de consum dels grups alimentaris —cereals, peixos, verdures, etc.—, ja haurem assimilat la importància d'una actitud adequada per anar a comprar.

A partir d'aquí, en un radi d'un quilòmetre podem trobar tot el que ens fa falta per viure. A més, el conjunt de diferents tipus de comerços ha dilatat sensiblement l'horari per facilitar les compres. I l'arribada de gent de tots els països del món ha estat esmorteïda pel mercat de l'alimentació, que ha incorporat els productes que ells utilitzen per tradició en els seus països d'origen. Mai, mai de la vida, i no ho dic jo, ho diu la gent gran, s'havia vist tanta teca arreu i a tothora.

Els mercats al nostre abast

Als pobles, tenim l'oportunitat de comprar la verdura, els ous, la fruita, les salaons de peix, les olives i "encurtits" al mercat setmanal que normalment s'hi celebra. Quan el mercat se celebra en un poble gran o en una capital de comarca, com Granollers o Vic, fins i tot s'hi poden trobar embotits artesanals, bolets, cacera de ploma o aviram viu. És en aquest tipus de mercat que es fa a fora de les ciutats, on més habitualment trobem els pagesos que conreen la seva pròpia verdura, en produccions més o menys artesanes, i que han pres el camí evolutiu d'oferir-ho al públic ells mateixos, per no vendre-ho a preu de majorista, i treure, així, el benefici que aporta la venda directa al consumidor. Aquests pagesos completen la setmana laboral amb la seqüència de mercats que es fan diàriament en poblacions que no disten entre elles més de cinquanta quilòmetres en gairebé tots els casos. Aquest és el primer dels tipus de mercat que jo vaig conèixer, el que itinera durant els dies de la setmana pels pobles del voltant, indiferentment de quines parades els composin. Per poder copsar la importància d'aquesta tradició, us proposo que us acosteu a qualsevol quiosc de premsa i demaneu el *Calendari dels pagesos*, una publicació de vint-i-vuit pàgines plenes de tradició genuïna de la litúrgia cristiana de la pagesia, enriquida amb gravats, rondalles i la previsió de com incidirà l'any astronòmic en la climatologia i, per tant, en les sembres i les collites. A més, el calendari té l'especial gentilesa de relacionar totes les fires agrícoles i ramaderes, festes majors d'hivern

i d'estiu, mercats de poble que se celebren a Catalunya durant tot l'any... I una dada prou significativa: enguany s'ha complert l'any 144 de la 1ª edició.

D'altra banda, a les ciutats i les petites capitals existeixen els mercats centrals o els de barri que, a més de verdura, ofereixen carns, peixos, espècies, entre d'altres. Penso que aquesta mena de mercats són els que estan més lligats, encara avui en dia, a l'origen d'una altra de les figures més antigues d'una de les activitats antropològiques primeres: el comerciant i el venedor. Ells i elles són els qui encara tenen el bon costum de conèixer totes les possibilitats i qualitats del producte que venen. Per tant, en la recerca d'ampliació del registre de sabors, i en moltes altres qüestions, ells i elles són els qui més us poden orientar i ajudar.

No utilitzaré ara el registre recurrent per parlar dels mercats de ciutat com qui parla de la bucòlica anunciació de la verge Maria. Només dir-vos que la sensació que destil·len és la de ritme, dinamisme, vida, moviment... Concentren tots els colors, textures i aromes dins d'un microcosmos que es mou amb el servei i la cultura del canvi de mans com a combustibles. El mercat comença i acaba com una funció, com una escena coral sense protagonistes en la qual t'has de deixar portar pel guió que ningú ha llegit però en la que tothom sap reconèixer el seu paper dins d'un tot.

És curiós veure com els paradistes dels mercats de ciutat tenen apamada per llei l'activitat concreta, o sigui, del registre d'aliments que trobem a la seva parada, que és sempre el mateix. Això fa que s'especialitzin les propostes i que s'aprofundeixi en una matèria en concret... peix, vedella, cansaladeria, despulles, fruita, verdura, conserves, etc.

En uns i altres mercats, els itinerants i els estables, podem agrupar les compres de molts productes en una sola visita, cosa que simplifica considerablement la feina d'alimentar-se i que, francament, és d'agrair.

Els productes de temporada

Independentment del fet que la majoria de productes es poden trobar durant tot l'any, el moment en què són més econòmics, i mantenen una excel·lent qualitat en relació al preu, és durant la temporada natural. Tots els aliments tenen un lapse de temps en el qual passen per aquest moment òptim, fins al punt que ens podem alimentar exclusivament seguint l'evolució dels productes que es troben en aquest lapse. Si ho pensem bé, ens adonarem que actualment ens cal un concepte per definir el que ha fet sempre tothom per alimentar-se —quan no existien ni la importació d'aliments, ni la congelació, ni els supermercats—; per lògica històrica i geogràfica, sempre hem fet, excepte fins fa poc, cuina mediterrània de mercat. No n'hi havia cap altra que fóra possible... o no?

I és precisament per aquest motiu que m'ha semblat oportú d'incorporar al llibre un petit quadre de productes i de les seves temporades, no perquè el seguiu amb una visió dogmàtica, sinó perquè el prengueu com a referència a l'hora de triar els aliments per proveir-vos, perquè sempre que utilitzeu la temporada natural com a guia, hi sortireu guanyant en preu i en qualitat. És aquí on està la mare dels ous. Permeteu-me que us proposi un repte: per què no accepteu el desafiament de cuinar només amb productes de temporada?... I, n'estic segur, automàticament preguntareu: però com?

Com ho veig jo

Sóc conscient que amb el temps de què disposem, sobretot els nous emancipats, és molt complicat assegurar el respecte cap a tots els ingredients que són importants per assolir el repte que us proposo. Volem, per davant de tot, penso que bàsicament tres coses:

1. Disminuir el temps que passem cuinant.
2. Estalviar cèntims, i si és possible milers d'euros.
3. Garantir una correcta alimentació.

Disminuir el temps

Per reduir el temps que dediquem diàriament a la cuina, especialment els dies que treballem, per a mi els conceptes principals són, segons el meu parer, la previsió i el temps de cocció.

La previsió és una arma bàsica. Per saber exactament el que hem de comprar, primer és necessari saber què cuinarem. Feu una llista del que menjareu durant la setmana i, després, una altra al costat amb els ingredients que necessiteu i la quantitat que n'heu de fer servir. Així, no us trobareu amb una nevera i un rebost farcits de coses genèriques que després intentareu combinar amb l'esperança d'exhaurir-les totes just la vigília del següent dia de fer la compra. Amb previsió, a més, comprareu només la quantitat justa.

El temps de cocció que podem dedicar els dies laborables a fer el dinar o el sopar és molt curt. Això incideix en tot: la mida a la qual heu de tallar les verdures perquè no tardin tant en coure's, la varietat dels productes que podeu coure en aquest temps, etc. Quan arriba l'hivern i venen de gust plats de cullera, heu de pensar que no sempre es té prou temps per fer els brous. Però, si una tarda sou a casa, o un diumenge feu una paella per als amics, podeu tenir la previsió de fer-ne i tirar llarg amb les quantitats, i després congelar-ne en petites racions per assegurar-vos de tenir-ne fet i poder-ne menjar si un dimecres us ve de gust un suquet de peix. Pel que fa als peixos, no han de preocupar tant, doncs no n'hi ha gaires que vulguin una cocció molt llarga. Les carns, quan sigui important el temps de cocció, es poden fer a la planxa, o en un rostit de cocció curta, si és important el temps de cocció, i triar talls com el bistec, l'entrecot, la llonza o els pits de les aus. I quan disposeu de més estona o en dies de festa, podeu fer un fricandó o un platillo de vedella.

Estalviar

Per estalviar no només és important fixar-se en els preus de les coses. Adonem-nos que si llencem dues coses de la nevera que se'ns han quedat arraconades, perdem tota la diferència de preu entre comprar en un lloc o un altre... O sigui que quasi valdria més posar més atenció en la conservació dels aliments.

De la mateixa manera que avui en dia és molt comú que la gent concentri les compres en un sol dia a la setmana, també ho és que moltes famílies es procurin un congelador independent de la nevera per comptar amb un "estoc" de reserva.

Pensem en la compra d'un lluç. Si es compra sencer, acostuma a tenir un preu diferent de quan se'n demanen només dos talls. Demaneu que us el netegin bé, feu posar els talls del tronc en una bossa, els de la cua que tenen una cocció més curta per separat, i el cap net de ganyes i ulls amb l'espina i les aletes. En arribar a casa congeleu-ho tot per separat. En el transcurs d'unes quantes setmanes, ja no haureu de comprar peix per fer fumet o sopa, perquè tindreu prou caps i espines de peix al congelador com per fer-ne. Això no deixa de ser un exemple, però amb aquesta filosofia, i un bon domini de la cadena del fred —per congelar i descongelar amb seguretat—, no us faltarà mai bon producte per consumir a casa. Per tant, us proposo conservar de la següent manera:

Peix: Compreu-lo fresc, consumiu el mateix dia la part que vulgueu i congeleu la resta per racions separades, en un calaix especialment dedicat a ell, ben embolicades amb paper film.

Carn: En principi, seguiu les mateixes indicacions que per al peix. Descongeleu-la traient-la del congelador el dia abans i posant-la a la nevera. Si voleu descongelar-la al moment, no us quedarà com abans de congelar-la; sovint, el microones cou la carn durant una descongelació agressiva.

Verdura: Es pot congelar encara que, durant la congelació, la seva alta quantitat d'aigua fa cristalls que n'afecten el color i la textura quan la traiem del "coma". Crec que en el que cal batallar és en conservar-les directament a la nevera absolutament netes de fulles, arrels, pells, etc. Utilitzeu *tuppers* tapats per a cada varietat, i poseu-hi paper de cuina a dins per tal que la verdura no estigui en contacte amb l'aigua que segrega durant la conservació, veritable agent accelerador de la seva descomposició. Si ho feu així, notareu que només netejareu verdura un cop per setmana, i que això repercutirà en el temps que us passeu cuinant diàriament.

Fruita: Es pot conservar en un calaix de la nevera, independent del de la verdura, deixant a fora la quantitat aproximada que mengeu en un dia, perquè si la mengeu freda de nevera no té ni la meitat de sabor.

Làctics i ous: Tapats per aïllar-los dels aromes de nevera; els formatges filmats de manera independent i dins d'un receptacle amb tapa, com els ous. Penseu que es tenyeixen amb facilitat d'altres aromes. Vigileu amb la data de caducitat de la llet oberta a la nevera.

Cereals: Diversifiqueu la natura dels cereals que preneu i intenteu incorporar-ne d'integrals. Reserveu un calaix del congelador per al pa, filmat vigilant no hi hagi forats que podrien modificar el tant per cent d'aigua del pa. Per descongelar-lo, si ha de ser al moment, feu-ho sense treure el film, al microones durant uns tres minuts a baixa potència, i deixeu que es refredi completament abans de retirar el film per mantenir la concentració de vapor d'aigua i que quedi com abans de congelar-lo.

Rebost: És important tenir recursos per quan surten imprevistos, visites inesperades, etc. Però això no vol dir que les conserves siguin eternes. Intenteu tenir els mínims paquets de paper oberts, i sempre serà millor que ho poseu en un recipient que tanqui hermèticament. Això és útil per a productes com les ametlles, la farina, el sucre, el cafè, el *müesli*, les olives o la xocolata.

Garantir una bona alimentació

Una bona alimentació és sinònim de menjar sa i variat, i no de menjar car o plats molt elaborats. Incorporeu aquesta premissa en el vostre dia a dia i en notareu els resultats. Mireu de no deixar-vos vèncer per les presses o la mandra; no és gens complicat seguir una alimentació equilibrada i els resultats són del tot beneficiosos per a l'organisme. Si, a més, cuineu amb imaginació, no només contribuireu a dur una vida més saludable, també gaudireu del fet d'alimentar-vos.

Però, amics meus, per al fet genèric que representa cuinar, només us puc donar dos consells genèrics que m'han ajudat a entendre que cuinar és com el *jazz* o els toros: un camí, i no un lloc on arribar. I crec que hi ha dues veritats qui hi estan relacionades. Una, que no és el mateix conèixer el camí que recorre'l. L'altra, que les coses s'aprenen fent-les.

Hivern

Fruites:	*Codony, llimona, magrana, mandarina, oliva, poma, taronja*
Verdures i hortalisses:	*Api, bleda, bròquil, carxofa, col, coliflor, enciam, endívia, escarola, espinac, nap, pastanaga, patata, porro, rave, remolatxa, tomàquet*
Llegums i cereals:	*Fava, cigró, llentia, pèsol*
Peixos, mol·luscos i crustacis:	*Bou de mar, escopinya, garoines, llagostí, navalla, nècora, ostra*
Carns i aus:	*Becada, cabrit, capó, gall dindi, garrí, perdiu, pintada, porc*

Primavera

Fruites:	*Aranja, cirera, gerd, maduixa, nespra, pera, pruna*
Verdures i hortalisses:	*All, bleda, ceba tendra, col, coliflor, enciam, escarola, espàrrec, espinac, nap, pastanaga, porro, rave, remolatxa*
Llegums i cereals:	*Fava, pèsol*
Peixos, mol·luscos i crustacis:	*Angula, anxova, arenga*
Carns i aus:	*Aviram, xai*

Estiu

Fruites:	*Albercoc, aranja, cirera, figa, gerd, maduixa, meló, nespra, pera, préssec, pruna, raïm, síndria*
Verdures i hortalisses:	*Albergínia, all, bleda, carbassó, ceba, ceba tendra, cogombre, enciam, gira-sol, mongeta tendra, nap, pastanaga, patata, pebrot, pèsol, porro, rave, remolatxa, tomàquet, xirivia*
Peixos, mol·luscos i crustacis:	*Bacallà fresc, besuc, calamar, cigala, llenguado, maira, crancs, cranc de riu, gamba, moll, mòllera, musclo, pop, salmó, sardina, seitó, sèpia, tonyina, truita de riu, verat*
Carns i aus:	*Aviram, vedella*

Tardor

Fruita:	*Codony, figa, gerd, magrana, mandarina, meló, móra, oliva, poma*
Verdures i hortalisses:	*Albergínia, api, bleda, bròquil, carbassó, carbassa, cogombre, coliflor, enciam, escarola, espinac, mongeta tendra, moniato, nap, pastanaga, pebrot, porro, rave, remolatxa, tomàquet, xirivia*
Llegums i cereals:	*Blat de moro, mongeta seca*
Peixos, mol·luscos i crustacis:	*Calamar, llamàntol, orada*
Carns i aus:	*Cérvol, llebre, senglar*

Receptes

Menys de 15 minuts

Cabdells d'enciam escaldats amb cansalada rosta

Ingredients *per persona*
preparació 5 minuts, cocció 10 minuts

1 ou dur
1 cabdell d'enciam
1 punteta de pebre vermell dolç
2 espàrrecs blancs
6 olives verdes
1 tall primet de pernil
oli d'oliva verge extra
vinagre blanc
1 tall de cansalada viada crua

Els enciams són un aliment que no fa patir perquè sempre que el busquem, el trobem. Sigui estiu o hivern. El mateix succeeix amb els seus parents més petits, els cabdells o *little gem*, que són una varietat d'enciam nan, de fulles verdes i cor de color groc. Si els tastem, notarem que tenen un gust més fort i un xic més amarg que la resta d'enciams. S'acostumen a consumir crus, però també es poden cuinar com a verdura. Aquí se us proposa preparar-los crus però escaldats. Al darrere d'aquesta aparent contradicció s'hi amaga un plat d'allò més estimulant.

Procediment

1. Netegeu el cabdell posant-lo cap per avall en un bol amb aigua perquè tregui la sorra. Us anirà millor si feu un tall en forma de creu a la part de les fulles perquè us facilitarà la neteja. **2.** Talleu els cabdells en forma de ventall que us ocupi tota la superfície del plat. **3.** Tot seguit, talleu la cansalada en talls petits, salpebreu-la i salteu-la amb una mica d'oli d'oliva fins que sigui ben rossa. Reserveu-la. Un cop la tingueu així, la podeu acabar de cobrir amb oli, de manera que no hi penetri l'aire i la pugueu conservar més temps per a altres usos. D'altra banda, aquest oli romandrà aromatitzat amb l'aroma de la cansalada per a altres usos. **4.** Dins un bol, talleu els espàrrecs blancs en daus petits, traieu el pinyol de les olives i ratlleu l'ou dur. Poseu-hi un raig d'oli d'oliva, el pebre dolç i el vinagre, i barregeu-ho bé. **5.** Escampeu aquesta picada per damunt del cabdell i cobriu-ho amb el pernil. **6.** Torneu a escalfar la cansalada. Un cop confeccionada l'amanida, l'única cosa que heu de fer és tornar a escalfar la cansalada amb un cop de foc, o un cop de microones, i escampar-la pel damunt de l'amanida perquè tot agafi l'aroma del porc fregit. Recordeu que ja hi heu posat el vinagre i el pebre bord, de manera que serà l'única cosa que us falta per conformar la vinagreta. Llestos.

Informació nutricional: els cabdells

- *Aquest plat conté fonamentalment fibra, però també proteïna.*
- *Els minerals que aporten els cabdells enforteixen els ossos, les articulacions i les artèries. Les fulles més verdes són les que contenen més vitamines i minerals.*
- *Aporten poc sucre, greix i proteïnes: tenen un valor energètic baix. I són força rics en vitamines, com la C, A i E, i en àcid fòlic.*
- *Menjar un cabdell o qualsevol altre tipus d'enciam és com beure un bon got d'aigua, ja que estan compostos en un 95 % d'aigua. Per això és molt aconsellable menjar-ne en èpoques de calor.*
- *Contenen un excedent alcalí que compensa l'acidesa que tenen en general els aliments, especialment aquells de procedència animal.*
- *També contenen lactucerina, una substància responsable del regust amarg, que estimula la gana i afavoreix la digestió.*
- *Els enciams en general tenen propietats calmants i sedants.*

Carmanyola de patata i bacallà

Ingredients *per a 2 persones*
preparació 5 minuts, cocció 3 minuts

100 g de bacallà esqueixat i al punt de sal
2 cullerades soperes d'ous d'arengada
1/2 l d'oli de gira-sol
3 ous
2 patates blanques noves
oli d'oliva
julivert en fulla

La nostra cuina és la cuina de l'oli d'oliva i tenim molta sort que sigui així. Però, de tant en tant i per a segons quins plats, us aconsello que varieu: tasteu l'oli de sèsam, el de blat de moro o, com és el cas d'avui, l'oli de gira-sol. Aquest és un oli suau, dolç, amb una acidesa màxima de 0,2 graus. És millor comprar-lo de primera premsada en fred perquè manté totes les seves propietats i no té res a veure amb els olis refinats, de sabor més insuls. L'oli de gira-sol és força jove a la nostra cuina però, com a mostra que estem acostumats a les novetats, us proposo fer una recepta amb oli de gira-sol i bacallà que segur que us quedarà més que bona!

Procediment

1. Peleu les patates i talleu-les amb la mandolina en discos de 2 mm aproximadament al damunt d'un bol amb aigua i glaçons, i reserveu-ho a la nevera. D'aquesta manera les patates retindran tot el midó i seran més cruixents un cop fregides. **2.** Escalfeu l'oli de gira-sol en una paella de ferro colat, que durant el procés de fregir us ajudarà a no patir baixades brusques de temperatura quan hi fiquem les patates. **3.** Trenqueu els ous en un bol sense batre'ls i afegiu-hi els ous d'arengada. **4.** Retireu l'excés d'aigua de les patates amb un colador i fregiu-les durant 2 minuts a la paella de ferro colat, fins que siguin ben rosses. Reserveu-les al damunt d'un paper absorbent. **5.** Poseu una paella antiadherent i de la mida d'una ració al foc, perquè es vagi escalfant, amb una punteta d'oli. Salteu-hi lleugerament el bacallà i les patates, i afegiu-hi els ous. **6.** Important: moveu la paella en moviments circulars perquè no s'enganxi l'ou, i un cop cuit per sota, abaixeu el foc i deixeu-ho coure fins que l'ou de la superfície arribi al vostre punt de cocció preferit. Hi ha dos factors clau per potenciar al màxim el sabor de l'ou: el color daurat de la base i l'amorositat de l'ou poc fet amb el caviar a la superfície. Ara que si l'ou us agrada molt fet, sempre teniu la possibilitat de girar-lo per fer una truita. Just abans de servir, escampeu una mica de julivert picat.

Informació nutricional: l'oli de gira-sol

- *L'oli de gira-sol aguanta pitjor les altes temperatures que d'altres olis.*
- *La margarina s'elabora amb oli de gira-sol.*
- *L'oli de gira-sol conté una gran quantitat de vitamina E. De fet és, després del germen de blat, l'oli vegetal més ric en aquesta vitamina de propietats antioxidants.*
- *A més, aporta àcids essencials com l'oli oleic, l'àcid linoleic, l'Omega 3 i Omega 6, i és bo per protegir-nos de les malalties cardiovasculars.*

Seitons en vinagre

Ingredients *per tenir-ne per a 4 o 5 menjades*
preparació 15 minuts, no hi ha cocció

1 kg de seitó fresc
750 ml de vinagre de sidra o de poma
1 manat de julivert
100 cl d'aigua
15 g de sal
oli d'oliva verge extra

Des de l'antiguitat, la pesca és una de les activitats més importants de les nostres costes. I entre les espècies que s'inclouen en la denominació de peix blau de Tarragona trobem el seitó, que és un peix amb el dors argentat que pot fer fins a 20 centímetres de llargada. Aquests peixets neden a poca profunditat i quan puja la temperatura s'acosten a la superfície de l'aigua. Per això els pescadors aprofiten els mesos de calor per sortir amb les xarxes i vendre els seitons ràpidament als mercats, cosa que ens garanteix un peix fresc i de qualitat.

Procediment

1. Després de netejar el seitó, escalfeu l'aigua al microones fins que estigui tèbia. Dissoleu-hi la sal. **2.** Passeu-ho a un *tupper* ample i afegiu-hi el vinagre. **3.** Poseu-hi els seitons perquè s'adobin i guardeu-ho al frigorífic durant 45 minuts. **4.** Passat aquest temps, traieu-los i escorreu-los bé. **5.** Tritureu en el got de la trituradora el julivert amb l'oli. **6.** Cobriu els seitons amb aquesta picada de julivert, i llestos!

Informació nutricional: els seitons

- *Tenen tant de greix que no els podem congelar!*
- *És un peix que aporta grans quantitats de proteïnes, àcids grassos i minerals com el calci i el iode.*
- *La carn del seitó és gustosa i sana, perquè és rica en àcids Omega 3, que ajuden a reduir els coàguls a la sang.*
- *El seitó és antioxidant i està indicat en dones menopàusiques.*
- *Atenció. Les persones hipertenses i les que tinguin el colesterol alt han d'anar amb compte perquè no és un peix indicat per a ells.*

Brie amb gavardina d'ametlles

Ingredients *per persona*
preparació 5 minuts, cocció 3 minuts

80 g de formatge *brie*
50 g d'ametlla Marcona crua
unes fulles d'alfàbrega fresca
1/2 l d'oli de gira-sol
les fulles blanques d'1 api
25 g de fulles de ruca
1 tomàquet
1 pastanaga
8 olives negres d'Aragó amanides
vinagre de xerès envellit en fusta
2 cullerades de farina de galeta
1 ou
farina

Si passegeu pel Priorat i altres comarques catalanes cap a finals d'hivern, podreu gaudir de l'espectacle dels ametllers en flor. Si resulta que no us podeu moure del poble o la ciutat, aneu fins a la botiga o el mercat i busqueu-ne el fruit: les ametlles. En trobareu amb pell o pelades, crues o torrades, preparades per a tota mena d'usos. I és que el món sense ametlles no seria el mateix; no existirien el torró, la llet d'ametlles, les ametlles garapinyades, pastissos com les sares ni, evidentment, un plat tan bo com aquest.

Procediment

1. Refredeu el formatge al congelador durant 5 minuts per poder tallar-lo amb garanties de no deformar-lo. **2.** Talleu el formatge en talls regulars d'uns 0,5 cm d'ample. Si no teniu un ganivet adequat per tallar formatges, podeu lubricar la fulla d'un que no sigui gaire ample perquè no s'enganxi al greix del formatge i el deformi. **3.** Disposeu els talls sobre la tapa d'un *tupper*, cobriu-ho amb paper film i introduïu-ho altre cop al congelador. **4.** Per preparar l'amanida, renteu i assequeu les fulles d'api i ruca, feu unes cintes longitudinals de pastanaga amb el pelador, afegiu les olives, la ceba tendra tallada el més primeta possible i el tomàquet en grills. **5.** Elaboreu una vinagreta barrejant oli i vinagre, fiqueu-la en una ampolla de plàstic amb pistola de capçal difusor per "sulfatar" l'amanida. Així us assegurareu, d'una banda, una mínima despesa de líquid amb un màxim rendiment i, d'una altra, que les fulles no es panseixin per l'excés de vinagreta. **6.** Poseu les ametlles torrades i les fulles d'alfàbrega al got de la trituradora, amb l'accessori per trinxar, i trossegeu a velocitat baixa fins que la mida de l'ametlla sigui d'uns 1,5 mm de gruix. **7.** Després, sense triturar, afegiu-hi les 2 cullerades de farina de galeta i barregeu-ho tot per obtenir la gavardina. Poseu-ho en un plat. **8.** Prepareu una paella amb oli de gira-sol per fregir-hi el formatge. **9.** Traieu el formatge del congelador i, quan l'oli estigui a temperatura de fregir (a uns 130 °C-140 °C), passeu els talls de formatge per una seqüència de tres plats: un amb 1 ou batut, un altre amb farina i l'últim amb la picada de la gavardina. **10.** Fregiu el formatge durant 1 minut i mig aproximadament i disposeu els talls al damunt d'un paper assecant de cuina per treure l'excés d'oli. **11.** A l'hora d'emplatar, munteu l'amanida al centre del plat i disposeu els talls de *brie* de manera que s'aconsegueixi mantenir un volum i no s'aixafin els ingredients. Cal que s'assembli a un tres de nou amb folre i manilles que acaba de fer llenya...

Magret d'ànec amb moniato al caliu i oli de vainilla

Ingredients *per a 2 persones*
preparació menys de 10 minuts,
cocció 5 minuts

1 *magret* d'ànec
50 cc d'oli de nous
1 beina de vainilla fresca o unes gotes d'essència de vainilla
2 moniatos fets al caliu

Al moniato també se li diu *batata*. És originari de la zona tropical sud-americana. Tot i que nosaltres l'associem al fred cal recordar que és una planta tropical que creix en indrets on la temperatura no baixa dels 20 ºC i la terra sempre està humida. Cinc o sis mesos després de plantar-lo, cap a l'octubre o novembre, ja el podem trobar als mercats. Just a punt per a la castanyada! El moniato el podeu fer al forn com tota la vida. O podeu utilitzar-lo per fer pastissos. Però també es pot fer servir en plats salats, com si fos una patata normal i corrent. El seu gust dolç i suau farà que us quedin uns guisats o uns fregits molt especials.

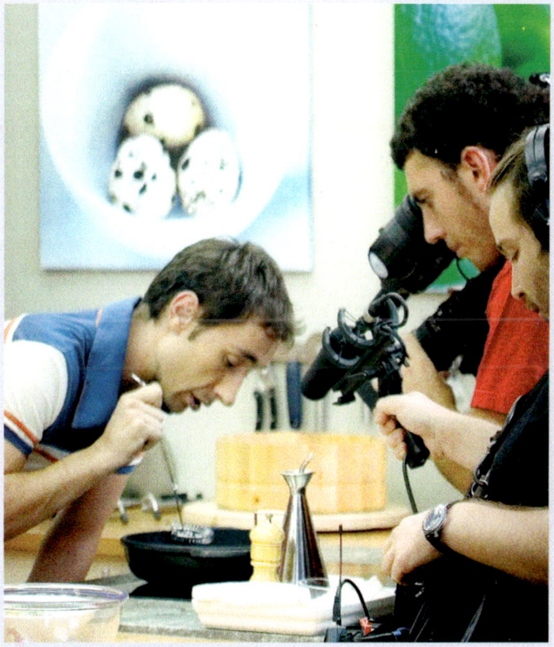

Informació nutricional: el moniato

• La seva polpa aporta més vitamina A que cap altre aliment. De fet, té la carn taronja a causa del betacarotè. La vitamina A és bona per a la vista i, si en falta, pot produir ceguesa. També és molt bona per al creixement i afavoreix el bon estat de la pell i les ungles. 100 grams de moniato proporcionen el 100 % de vitamina A que necessitem en un dia.

• El moniato és bo per al fetge, té propietats antioxidants i és molt energètic: genial per al fred!

• El 20 % del pes del moniato són hidrats de carboni.

Procediment

1. Marqueu el *magret* per la part de la pell, amb uns talls poc profunds que dibuixin quadrats, per evitar que es rebregui durant la cocció. **2.** Talleu els moniatos pel mig, longitudinalment, i buideu-los la carn amb una cullera. Reserveu-la. **3.** Escalfeu lleugerament l'oli de nous en un cassó. **4.** Introduïu la pasta que heu extret de la vainilla a l'oli i deixeu que es confiti a foc molt baix durant una bona estona. **5.** Feu el *magret* volta i volta, i reserveu una mica del greix que deixa anar. **6.** Poseu el *magret* al damunt d'un paper assecant perquè se'n begui la sang i, mentrestant, salteu la carn del moniato amb la mica de greix que havíeu reservat. **7.** Emplateu el moniato al mig del plat, talleu el *magret* en escalopins i presenteu-lo en forma de ventall al damunt del moniato. **8.** Salseu amb l'oli, poseu uns flocs de sal gruixuda pel damunt i... *bon appetit*!

Com traiem la vainilla de la beina?

Se'n poden extreure les llavors de dins de la següent manera:

• Amb la punta d'un ganivet esmolat, obriu longitudinalment la beina sense arribar a perforar-la per la part de sota, com si baixéssiu una cremallera d'un sac de dormir...

• Fiqueu la fulla del ganivet a dins i gireu el ganivet 90º per separar les parets de la beina.

• Feu lliscar el ganivet tot arrossegant la pasta negra de la vainilla, que us quedarà adherida a la fulla. Ja ho teniu a les mans, o més ben dit, a la fulla.

MELSON
-1407

Crema freda de remolatxa i ametlles

Ingredients *per a 4 persones*
preparació 5 minuts, cocció 5 minuts (remolatxa cuita), 30 minuts (remolatxa crua)

500 g de remolatxa crua, sense fulles
200 cc de llet d'ametlles
200 cc de caldo de gallina
1 cullerada de *garam masala*, una barreja hindú d'espècies
1 gra d'all pelat

Informació nutricional: la remolatxa
• Va molt bé per combatre la retenció de líquids, perquè és diürètica. I no us espanteu quan aneu al lavabo perquè el seu pigment vermell surt del nostre cos tal com ha entrat.
• Conté molta fibra i té un efecte lleugerament laxant. A més, aporta potassi, magnesi, fòsfor, sodi i coure, i desintoxica el fetge i la vesícula biliar.
• Cal tenir present que la remolatxa crua no es pot congelar.

Gairebé un 90 % del sucre que es consumeix a Europa ve de la remolatxa. Però se'n poden fer un munt de coses més, amb la remolatxa. Quan la feu servir, tingueu la precaució de posar-vos guants, perquè taca. I si us taqueu, netegeu-vos amb suc de llimona. Hi ha dues varietats de remolatxa: la vermella, que és la més coneguda, i la blanca, que se sol fer servir per al farratge. Per fora s'assemblen molt. Les dues tenen la pell fina i llisa, com la del rave o el nap, i d'aquí li ve el nom de *bleda-rave* amb què també es coneix a Catalunya. La remolatxa és com una patata però de cocció més llarga. Es pot fer bullida, en crema, al forn, fregida, i crua i ratllada la podeu incloure a les amanides.

Procediment

1. Poseu al foc una olla grossa amb aigua i sal i bulliu la remolatxa durant 30 minuts. Després refredeu-la amb aigua freda o a sota de l'aixeta. **2.** Peleu-la i talleu-li el cap i l'arrel. **3.** Tritureu-la amb l'all i el *garam masala*. **4.** Barregeu el caldo d'au amb la llet d'ametlles, i aboqueu la barreja a poc a poc dins l'estri on hagueu triturat la remolatxa. Continueu triturant fins que aconseguiu la textura que més s'ajusti al que vosaltres entengueu com a crema.

NOTA: A partir d'aquesta recepta bàsica, es poden introduir variants. Hi ha moltes possibilitats d'aromatització i guarniment. Es pot substituir la llet d'ametlles per iogurt, el caldo de gallina per vegetal, o fins i tot per suc de taronja. També es pot fer una picada de poma, o de pernil, o de cogombre per enriquir-ho. Sigui quina sigui l'opció que trieu, de ben segur que serà encertada.

Com podem tenir sempre caldo d'au a punt?
L'ideal és congelar el brou que sobri en tuppers de diverses mides per poderne fer usos diferents (sopa, guisats, cremes, etc.).

Amanida de pollastre a l'ast

Ingredients *per a 2 persones*
preparació 15 minuts, no hi ha cocció

1 llauna de blat de moro en conserva
2 pits de pollastre a l'ast
oli del rostit del pollastre
1 cullerada de tàperes
fulles de romaní fresc del test de la veïna
1 ou dur
vinagre de xerès envellit en bóta
oli d'oliva verge extra
olives negres d'Aragó
3 patates al caliu

Fa més de 5.000 anys, a Mèxic, el blat de moro es va convertir en un aliment essencial de les civilitzacions maia i asteca. Per sort, uns quants anys després, el 1604, va arribar a la península. Hi ha dos tipus de blat de moro: el tradicional, que té totes les característiques del cereal (tant l'estructura del gra com la composició), i el blat de moro dolç, que té una composició diferent i un aspecte més semblant al d'una hortalissa i que es pot trobar al mercat en conserva, fresc o congelat. Però si el que voleu són panotxes fresques, acabades de collir de l'hort, haureu d'esperar-vos a l'estiu o la tardor. Amb els productes frescos ja se sap, es fan esperar! Tant les panotxes com els grans es poden consumir frescos, al vapor, a la brasa o torrats. Són perfectes per fer amanides i com a guarnició per a tota mena de plats.

Informació nutricional: el blat de moro

- *Conté vitamina E, que retarda el procés d'envelliment i oxidació de la pell, i microelements de seleni, que ajuden a millorar les arrugues i les pigues.*
- *Té propietats diürètiques i la quantitat de fibra que conté estimula els moviments de l'intestí, reduint-ne la irritació.*
- *Conté magnesi, que ajuda a prevenir el desenvolupament de cèl·lules canceroses.*
- *També ajuda a prevenir l'arteriosclerosi, enforteix el cervell i ajuda a oxigenar les neurones.*
- *És el segon cereal més important del món.*

Procediment

1. En un bol, barregeu les patates trossejades, les tàperes, les olives, el blat de moro, l'ou dur preferentment ratllat i els pits desossats i tallats de pollastre. **2.** Talleu les fulles de romaní el més petites que pugueu. **3.** Confeccioneu una vinagreta amb el suc del rostit del pollastre, una mica d'oli d'oliva, el romaní i unes gotes de vinagre de xerès. **4.** Amaniu els ingredients del bol amb aquesta vinagreta i emplateu-los. No té cap misteri!

NOTA: Tots els productes que intervenen en aquesta recepta es poden tenir a casa sense haver d'anar a comprar, suposant que algun diumenge hagueu menjat pollastre a l'ast i no us l'hagueu acabat. En aquests tipus de plats de relleus hi ha espai per a altres restes que tingueu arraconades, com pastanagues, fulles d'enciam, ceba tendra, etc. Podeu incorporar-les. I proveu diferents aromatitzacions. Hi ha moltes salses que es comercialitzen —com romesco, salsa de soja, *chimichurri*, *mojo picón*, mostasses, salsa HP, reduccions de sucs de carn com Bovril, salses de barbacoa, la vinagreta de Ca l'Espinaler o Lea & Perrins— que us poden facilitar la tasca de donar un toc personal a qualsevol vinagreta o a una infinitat de carns i peixos a la planxa.

Caldós de cocotxes i bacallà

Ingredients *per a 2 persones*
preparació 10 minuts, cocció 5 minuts

8 cocotxes de bacallà fresques
50 g de mongetes del ganxet cuites (sigueu murris i demaneu una mica de l'aigua de la cocció en la mateixa bosseta. Us ajudarà a lligar el brou del plat)
1 manat de créixens
1 tall de 40 g de botifarra negra de faves
1 grapat de camagrocs, frescos o secs
1 gra d'all
1 bitxo picant, per fer ambient...
100 cc d'aigua envasada
oli d'oliva

Amarga, picant, refrescant... els créixens, tot i que també es poden cultivar, són una herba que creix en estat silvestre vora els estanys si les aigües són netes i, fins fa pocs anys, ningú els feia ni cas. Però les coses han canviat força. Se'n venen tot l'any, però a la primavera és quan són més bons. Per preparar-los, només heu de tallar la part més dura de la tija, eliminar les fulles deteriorades i netejar bé les branquetes. Es poden menjar bullits, al vapor, amanits amb vinagre, barrejats amb ou o verdures, en sopa, en sucs, com a condiment del peix i la carn...

Informació nutricional: els créixens

- *Aporten tanta aigua i fibra que els nutricionistes els recomanen sovint en dietes per aprimar-se.*
- *Contenen molta vitamina C i els científics asseguren que van molt bé per curar malalties de la pell, com ara èczemes, irritacions o ferides que encara no han cicatritzat.*
- *Són rics en potassi, calci, fòsfor, ferro i iode. Si esteu cansats, un pèl desnodrits o patiu anèmia, mengeu créixens almenys un cop per setmana a l'hora de sopar.*
- *També s'aconsellen quan es tenen pedres als ronyons i a la vesícula biliar.*
- *Són un bon depuratiu de la sang, pel seu contingut en potassi, i recomanables per a les afeccions del pit ja que són rics en iode, sofre i ferro. Estimulen la tiroide.*

Procediment

1. Poseu les cocotxes en una cassola, cobriu-les amb l'aigua i poseu-les a foc baix. Penseu que si triguen 6 minuts a arrencar a bullir és millor que 3. **2.** Netegeu els créixens amb aigua freda i assequeu-los amb el centrifugador d'amanides. Reserveu-los. **3.** Talleu la botifarra negra en dauets sense pell. Reserveu-la. **4.** Just abans que les cocotxes arrenquin a bullir, poseu els créixens a la cassola. **5.** I immediatament després que les cocotxes bullin, poseu les mongetes i la botifarra, i manteniu-ho a foc baix. **6.** En una paella, daureu l'all tallat a làmines i fregiu-lo amb el bitxo. Quan el bitxo esdevingui fosc i l'all daurat, afegiu-hi els camagrocs i salteu-los. En el cas que siguin secs, remulleu-los en aigua tèbia durant 5 minuts abans de fer-los servir. **7.** Quan els camagrocs hagin evaporat l'aigua que segreguen durant el saltat, escaldeu la cassola de les cocotxes amb tot el que hi ha a la paella. **8.** Amalgameu-ho bé. Poseu-hi un punt de sal i serviu-ho en un plat fons.

Què vol dir escaldar?

En aquest cas vol dir aplicar un oli calent aromatitzat amb all i transmissor del picant del bitxo per donar al bacallà un toc últim amb un toc al bacallà al pilpil. Si les cocotxes es bullen lentament alliberen molta gelatina del bacallà en l'aigua. Aquesta gelatina es pot muntar amb l'oli de l'escaldada i amb la textura de l'aigua de cocció de les mongetes, de manera que formi una textura gairebé cremosa a la boca que no és la mateixa que dóna simplement un brou. Si voleu que la salsa sigui més ferma, emplateu amb una rasera i munteu enèrgicament el líquid amb una barnilla. Si ho heu fet bé veureu com agafa cos.

Verat amb nap a la brasa

Ingredients *per persona*
preparació 3 minuts, cocció 12 minuts

1 verat d'uns 300 g
2 naps petits
2 cullerades d'oli de mostassa
1 culleradeta de mostassa *maille*, granada o a l'antiga
1 culleradeta de vinagre de Mòdena
1 brot d'all tendre

Fa temps que el nap i una altra arrel, la pastanaga, es consideren aliments afrodisíacs. El motiu és claríssim: la seva forma. Però passem a la teca, que és el que realment interessa ara. A Catalunya tenim dues espècies pròpies de naps. Els de l'Empordà, anomenats *naps negres* pel seu color fosc, que són fins, gustosos i sense filaments. I els de la Cerdanya, o *naps de tall tendre*, que són llargs i prims, amb el sabor especial que els dóna el fet d'estar cultivats entre els rostolls dels camps de blat. Pel que fa al seu ús, es poden fer guisats amb carn i, sobretot, amb aus, o fins i tot escalivar-los. Si teniu l'oportunitat de comprar-los amb les fulles, els podeu menjar com si fossin bledes o espinacs; és el que els gallecs en diuen *grelos*.

Per què son útils les escumadores de niló?
Perquè permeten manipular els aliments en superfícies antiadherents sense malmetre-les, amb la garantia que no es cremaran. Aguanten temperatures altes, però no poden aguantar el foc directe sense fondre's.

Procediment

1. Peleu els naps amb un pelador. Talleu-los en grills, com si féssiu patates rosses, aproximadament de la mida d'un grill d'una bona mandarina. **2.** Daureu-los en una paella antiadherent amb una mica de sal i pebre. **3.** Quan veieu que estan ben rossos, cobriu-los amb aigua i deixeu que es coguin destapats fins que evaporin tota l'aigua i es tornin ben tendres. Si quan s'han begut tota l'aigua encara son durs, afegiu-ne una mica més. **4.** Prepareu una vinagreta amb la mostassa, l'oli, l'all tendre tallat petitet i el vinagre, i reserveu-la. **5.** Salpebreu els dos lloms de verat, i marqueu-los 1 minut en una paella, amb una mica d'oli i a temperatura alta, amb la pell mirant cap amunt. Gireu-los, i 15 segons després, traieu-los del foc. **6.** Per emplatar, poseu els lloms a una banda del plat i a l'altra els naps. Salseu-ho tot amb la vinagreta, i a gaudir.

Informació nutricional: els naps

- *Tenen un munt de minerals: potassi, calci, fòsfor, iode i sodi, a més de vitamina C i àcid fòlic.*
- *Si es consumeixen crus, ajuden a digerir i netejar les dents.*
- *Atenció: Els naps poden provocar flatulència.*

Empedrat de confit d'ànec amb taronja

Ingredients *per persona*
preparació 10 minuts, cocció 5 minuts

1 cuixa d'ànec confitada i envasada al buit
1 taronja de postres molt dolça
8 olives mortes d'Aragó o 1 culleradeta de salsa olivada negra
50 g de bacallà esqueixat
2 fulles de sàlvia fresca
50 g de mongetes seques bullides
1 ceba tendra

A moltes parades de fruita i verdura trobareu herbes aromàtiques fresques. I si no, sempre les podeu comprar seques. L'herba aromàtica que ara ens ocupa, la sàlvia, és perfecta per a guisats, sopes, tant amb peix com amb carn... una joia! Els romans l'anomenaven *herba sacra*. Així doncs, no és estrany que aquesta planta es faci servir tant a la cuina, com a l'herbolari, en la indústria cosmètica, o, fins i tot, per fer licors.

Com es poden treure els grills d'una taronja sense que hi quedi cap pell?
Si penseu en la comoditat a l'hora de menjar, valorareu el fet de poder assaborir l'explosió àcida del grill sense embrutar-lo amb el rosec de la pell que l'envolta. Per desvestir el grill de la pell, feu el següent: Calceu-vos uns guants de làtex. Amb un ganivet esmolat, peleu la taronja fins a arribar a la carn, traient tota la pell, l'exterior i la interior de color blanc. Després aneu-li tallant la polpa en forma de mitja lluna, evitant el teixit que separa els grills. Disposeu els grills en un recipient i, quan els tingueu tots tallats, premeu amb força l'esquelet de la taronja per submergir-los en aquest suc altament antioxidant que assegura la seva conservació en perfectes condicions.

Procediment

1. Escalfeu la cuixa d'ànec, sense treure-la del buit, al microones durant 3 minuts a 160 W. **2.** Passeu-la de la bossa a un bol de ceràmica perquè necessitareu el greix d'ànec per fer la vinagreta. **3.** Poseu la cuixa al damunt d'un paper assecant que li xucli l'excés de greix. **4.** Piqueu la ceba molt fina. **5.** Comproveu el punt de sal del bacallà i emboliqueu-lo amb un drap de fil o amb paper de cuina per treure-li l'excés d'aigua, perquè, si no, al plat us destrossaria la textura de la vinagreta. **6.** Desfeu l'ànec en talls més petits. **7.** Desosseu i feu miques, amb la trituradora, les olives en el greix d'ànec que heu reservat al començament. Heu d'aconseguir que el sabor d'aquests dos ingredients es reparteixi de manera uniforme i a cada mossegada, com a base aromàtica. **8.** Poseu el contingut de la trituradora en un bol de vidre on ho casareu tot. Afegiu-hi una gota de vinagre de xerès fermentat en bóta, o agredolç de *cabernet sauvignon*, i si voleu una gota de salsa de soja, o de *tabasco*, vosaltres mateixos. **9.** Introduïu-hi els medallons d'ànec, la ceba, les mongetes i la taronja, i si us queda massa pastós, una mica del suc de taronja dels grills. **10.** Talleu la sàlvia en trossos petits i escampeu-la sobre el plat ja acabat.

Amanida de llenties, sípia i papaia

Ingredients *per a 2 persones*
preparació 10 minuts, cocció 3 minuts

1/2 papaia petita. Si és gran poseu-ne només 1/4
50 g de llenties cuites
1 beina de sípia de platja d'uns 100 g o un calarmarset petit
unes fulles d'enciam de fulla de roure
unes fulles d'enciam vermell
1 all tendre
julivert
1 tomàquet vermell madur
2 cullerades de vinagre de sidra o de poma
oli d'oliva

La papaia és una fruita tropical que es cultiva en països càlids. És una baia. O una superbaia, diria jo, perquè pesa força. Acostuma a fer entre mig quilo i un quilo. Si en trobeu de més petites, són les papaies nanes africanes, que "només" fan 300 o 400 grams. Com que és un fruit molt fràgil, a l'hora de triar-lo s'ha de mirar que no tingui cops. I per saber si està madur cal observar-ne els vèrtexs, que no han de ser verds. Un cop oberta, la papaia té la polpa de color taronja. I ara la gran pregunta: quin gust té? És dolça. Si la comparem amb fruites més conegudes, l'aroma recorda el meló, i per la dolçor, la pera o la maduixa. Mengeu papaia, és molt digestiva! Podeu consumir-la com a fruita o, si la compreu verda, com a verdura.

Procediment

1. Netegeu les fulles d'enciam. **2.** Traieu les últimes capes i les arrels de l'all tendre. **3.** Enrotlleu la beina de sípia sobre si mateixa fins a aconseguir un cilindre. Filmeu-lo, compactant-lo bé, i congeleu-lo. **4.** Un cop congelat, traieu-li el film i talleu-lo amb la mandolina per aconseguir els talls més fins possibles, que d'ara en endavant es consideraran "tallarines". **5.** Peleu i netegeu de llavors la papaia. Talleu-la amb la mandolina en fines làmines. **6.** Escaldeu i peleu el tomàquet, traieu-li les llavors i talleu-lo en dauets petits. **7.** Ara ja ho teniu tot preparat. Escalfeu, doncs, una paella i poseu-hi una mica d'oli d'oliva, per saltar-hi les tallarines. Com que l'objectiu és que no es produeixi una baixada de temperatura quan hi poseu les tallarines, la millor manera de fer-ho és per etapes, amb una paella gran i poca quantitat de tallarines. **8.** Així doncs, salpebreu-les i, en el moment de ficar-les a la paella, abaixeu el foc al mínim perquè no entri foc a la paella i la sípia no tingui gust de fumat. En funció de la temperatura i segons el gruix de la tallarina, obtindreu rissos lleugers, que és el que es busca, o no. **9.** Un cop fora del foc, afegiu julivert picat a les tallarines, però reserveu les fulles més maques per posar-les directament a l'amanida. **10.** Feu la vinagreta amb l'oli i el vinagre, i afegiu-hi el tomàquet i les llenties. **11.** Poseu les fulles d'enciam, les tallarines de sípia i les làmines de papaia en un bol i barregeu tot molt bé. Mulleu-ho amb la vinagreta, emplateu-ho... i que vagi de gust!

Informació nutricional: les papaies

- *Van bé en cas d'anèmia, restrenyiment i estrès.*
- *Contenen força potassi i poc sodi: una combinació fantàstica per a la hipertensió i els problemes cardiovasculars.*
- *A més del betacarotè, també aporten vitamina C, hidrats de carboni i fibra.*
- *És una fruita fàcil de mastegar, genial per a la gent gran i persones amb estómacs delicats i problemes dentals.*

Llenties en dos moments

Ingredients *per persona*
preparació 5 minuts, cocció 10 minuts

100 g de calamarsets petits per fer saltats
60 g de llenties verdes o Pardines bullides del mercat
2 brots d'alls tendres
20 g de germinacions de llenties blanques
20 g de germinacions de llenties verdes
oli de gira-sol per fregir
farina blanca
oli d'oliva de 0,4º
1/2 copeta de vi blanc
4 grans de pebre verd en conserva
julivert en fulla

Quan a la cuina parlem de productes germinats, a què ens referim? Doncs parlem de grans de cereals o de llegums que s'han deixat en remull i se'ls ha anat canviant l'aigua fins que han tret un brot de planteta: la germinació. Aquí teniu les germinacions de llegums més usuals: la soja, les llenties i l'alfals. I com a cereals: el blat, la civada, la carbassa, el gira-sol, el sèsam... Un cop germinats, es poden menjar crus o cuits. En amanida, passats per la paella, com a farciment d'un entrepà, en una truita; les combinacions són infinites.

Informació nutricional: les germinacions

- *S'ha demostrat experimentalment que les germinacions estimulen la fertilitat perquè porten vitamina E.*
- *També contenen vitamina C, betacarotè, minerals, enzims i clorofil·la.*
- *Són aliments baixos en calories, que augmenten la vitalitat.*
- *Són molt recomanables per a l'anèmia perquè incrementen el ferro assimilable.*
- *Atenció: Si feu germinacions a casa, les llavors que no hagin germinat s'han de llençar!*

Procediment

1. Poseu una quantitat considerable d'oli de gira-sol en una paella ampla i escalfeu fins a la temperatura de fregir. **2.** Desfeu els nius de germinacions, per poder-les enfarinar sense que facin un pa, i passeu-les per farina. Prepareu un plat amb força paper absorbent al damunt. **3.** Poseu les germinacions en un colador i agiteu-lo per retirar-los l'excés de farina. **4.** Aboqueu-les en petites quantitats dins la paella, i tot just es daurin, passeu-les al paper assecant. Poseu un altre full de paper al damunt perquè quedin ben cruixents i seques. **5.** Piqueu els brots d'all tendre ben petit i feu el mateix amb les fulles de julivert. **6.** En una paella ampla on pugueu saltar, poseu-hi una mica d'oli d'oliva. **7.** Salpebreu els calamarsets. Quan la paella sigui ben calenta, salteu-los a foc viu perquè evaporin ràpidament l'aigua que porten i quedin dauradets, i no cuits en el seu propi suc. **8.** Piqueu els grans de pebre al morter i mulleu-los amb el vi blanc. Mulleu els calamarsets i deixeu que redueixin fins que quedin secs. **9.** En aquest moment, afegiu les llenties bullides, l'all tendre i el julivert picat. Salteu-ho tot per amalgamar bé els sabors, i poseu-ho al punt de sal. **10.** Finalment, emplateu-ho amb una anella de plàstic tallada d'una ampolla d'aigua d'1,5 l. Traieu l'anella de plàstic i, al damunt del timbal, poseu-hi les germinacions fent volum.

Amanida d'aromes

Ingredients *per persona*
preparació 10 minuts, no hi ha cocció

4 tipus de flors diferents
3 fulles de mostassa
3 fulles d'espinacs
3 fulles de *lollo rosso*
3 fulles de bleda vermella
3 fulles de *tatsoi*
3 brots de *ficoide* glacial
3 maduixes
2 cullerades de grans de magrana
vinagre agredolç del raïm *chardonnay*
oli de nous
2 nous
1 culleradeta de confitura de violetes

Per cuinar amb flors, cal seguir unes normes estrictes: si dubteu de si una flor és comestible, consulteu un especialista, i davant del dubte, no us la mengeu; un cop a casa, és convenient menjar-les al més ràpidament possible perquè no s'assequin ni perdin el gust; s'han de netejar amb aigua freda i amb molt de compte; s'han d'escórrer bé i assecar-les amb cura, i s'han de cuinar sense oli perquè no es facin malbé. Podeu fer una amanida de pètals de crisantems i magnòlia, unes endívies al rocafort amb violetes, un peix combinat amb flors de menta... o una amanida d'aromes amb fulles i flors!

Com podem donar a l'amanida diferents registres aromàtics?
Per mi, hi ha diferents sensacions que una amanida ha de transmetre a la boca. En aquest cas, trobem la untuositat de l'oli, les nous i la confitura; la potència aromàtica de les flors; la força de les fulles; l'acidesa controlada de la maduixa o el vinagre, i la dolçor de la magrana i la confitura.

Procediment

1. Netegeu totes les menes de fulles. **2.** Talleu les maduixes en làmines fines amb l'ajut de la mandolina. **3.** Feu la vinagreta i fiqueu-la dins d'un aspersor per no utilitzar-ne una quantitat excessiva i pansir les fulles. Interessa que quedin amb una textura ferma. **4.** Talleu làmines de nou amb la mandolina, el més fines possible. **5.** Esteneu les fulles en una safata i ruixeu-les amb la vinagreta. **6.** En el plat on voleu presentar l'amanida, feu una primera capa amb les fulles verdes més fortes, el *lollo* i les fulles de mostassa. **7.** Poseu-hi unes làmines de maduixa, una mica de nou i les flors més consistents, sense posar-hi vinagreta per tal de no pansir els pètals. **8.** Feu una altra capa de fulles, poseu-hi la magrana i més flors, i així successivament fins a elevar un volum d'aromes fins i penetrants. **9.** Al capdamunt poseu les flors més delicades. **10.** Al voltant de l'amanida poseu la gelatina de violetes, uns grills de magrana i uns filets de nous.

Informació nutricional: les flors

- *Estimulen els sentits i milloren la digestió.*
- *Com més perfumada sigui una flor, més gust i aroma deixarà impregnats al plat.*

Mandarines marinades

Ingredients *per a una mainada voraç*
preparació 10 minuts, cocció 3 minuts per fer el xarop

1 kg i 1/2 de mandarines madures
100 g de sucre moreno
100 cl d'aigua
1 manat de fulles de menta fresques
2 cullerades de confitura de taronja amarga
la pell de 6 mandarines

Les mandarines són originàries de les zones tropicals de l'Àsia. N'hi ha quatre grans varietats: les clementines, d'un color taronja intens i sense llavors; les clemenvilles, més grosses i sucoses; les híbrides, riques en sucres i àcids orgànics, i les *satsuma*, originàries del Japó. El millor indicatiu de qualitat no és tant el color de la mandarina per fora com la seva olor, dolça i molt intensa. No us les deixeu prendre. Es poden menjar en qualsevol moment del dia, tant a les postres, com per berenar o esmorzar. Recordeu que menjar cada dia fruita i verdura és bàsic per seguir una bona alimentació. I posats a triar: la mandarina és una gran elecció!

Quines aplicacions té la fruita marinada?
La podeu utilitzar per fer pastissos, que muntareu molt més ràpidament. Si envaseu aquestes conserves i les esterilitzeu al bany maria, el dia que vulgueu podeu fer una crema pastissera, omplir la base d'un pastís o simplement abocar-hi la fruita pel damunt. Això no és cap nova creació. En els països freds conserven totes les fruites d'estiu per fer la rebosteria i la pastisseria d'hivern. Si ho feu en el millor moment de les mandarines, quan són més barates, us en garantireu el consum durant tot l'any.

Procediment

1. Poseu el sucre i l'aigua en un cassó i feu-ho bullir. Quan el sucre estigui desfet, traieu-ho del foc i afegiu-hi la fulla neta de menta. **2.** Desfeu-hi la confitura de taronja amarga. Tapeu el cassó i espereu que es refredi el xarop. **3.** Un cop fred, tritureu-ho amb la batedora elèctrica per fer miques les fulles de menta. Reserveu-ho. **4.** Peleu les mandarines i netegeu-les de tots els nervis blancs que envolten els grills. **5.** Amb un pelador, feu un munt de pells de mandarina, sense la part blanca que fa amargar. Poseu el forn a 80 ºC i fiqueu-hi les pells fins que siguin ben seques. **6.** Després, tritureu-les fins a aconseguir una pols. **7.** Talleu els grills de mandarina pel mig perquè comencin a segregar el seu suc de manera progressiva. Els deixem anar en la maceració amb menta. **8.** Poseu-les en un bol i afegiu-hi el xarop. Deixeu que macerin fins a conjuntar els sabors. **9.** Quan ho emplateu, poseu la pols de pell de mandarina per decorar el plat o el bol i també al damunt de la fruita: li donarà una potència aromàtica bestial.

Informació nutricional: les mandarines
- *Tenen com a component majoritari l'aigua, seguit de la vitamina C, l'àcid fòlic i la provitamina A, més abundant a les mandarines que en qualsevol altre cítric.*
- *A més, contenen una quantitat de fibra important, que ens ajuda a afavorir el trànsit intestinal, i pectina, una fibra soluble que ajuda a reduir els nivells de colesterol.*
- *Si es comparen amb les fruites del seu gènere, aporten menys quantitat de sucres i, per tant, menys calories.*
- *També contenen grans quantitats de potassi i magnesi.*

Llaminera de porc amb margallons brasejats

Ingredients *per a 2 persones*
preparació 5 minuts, cocció 10 minuts

1 pot petit de salsa Bovril (reducció de caldo de vedella)
1 llauna de margallons brasilers
1 llaminera de porc
mantega de qualitat
1 gota d'anís
1 got de caldo de verdures

Al mercat europeu els margallons normalment es comercialitzen en conserva, precuinats o, el més habitual, enllaunats. Un cop oberta la llauna, és recomanable treure l'hortalissa de l'envàs, escórrer-la i embolicar-la en un plàstic. D'aquesta manera es pot conservar a la nevera unes dues setmanes. El margalló fresc s'ha de menjar cuinat perquè, si no, és amarg. Si el compreu enllaunat, el podeu menjar directament, sense cap tractament especial, i combina perfectament amb tot tipus d'amanides, carns, arrossos, peixos, verdures... Com que és un producte difícil d'aconseguir sovint és car. Però val la pena gastar-se els diners, creieu-me!

Informació nutricional: els margallons

- *Són una hortalissa de gran riquesa mineral, amb molt de sodi, a més de calci, fòsfor, magnesi o ferro.*
- *Aporten una gran quantitat de fibra que afavoreix el trànsit intestinal i contribueix a mantenir els nivells de colesterol.*
- *Tenen poques calories i el principal component són els hidrats de carboni, tot i que en conté pocs.*
- *El margalló enllaunat conté vitamina C, vitamina B3 i àcid fòlic.*
- *Atenció!, el margalló conté força sal, n'han de menjar amb precaució les persones que pateixen hipertensió o malalties cardiovasculars.*

Procediment

1. Barregeu 2 cullerades soperes de salsa Bovril amb un got de caldo de verdures. Perquè es desfaci més fàcilment, escalfeu-ho tot junt al microones. **2.** Traieu els cors de margalló de la llauna i esbandiu-los lleugerament per treure l'aroma d'àcid cítric del suc de conservació. **3.** Talleu la llaminera en talls d'uns 2 cm de gruix. Salpebreu-los. **4.** En una paella, daureu els margallons, tallats en discos d'1 cm de gruix, amb una bona cullerada de mantega. Quan els margallons i la mantega siguin ben rossos, afegiu-hi el contingut del got i deixeu-ho coure tot fins que la salsa hagi reduït i tingui una textura òptima. **5.** Marqueu la carn en una paella antiadherent fins al punt de cocció que us agradi. **6.** Per últim, afegiu la gota d'anís a la paella dels margallons i poseu-ho al punt de sal. **7.** Emplateu: els margallons primer, els talls de carn al damunt i banyeu amb la salsa.

Tronc de lluç donosti amb patates al vapor

Ingredients *per persona*

preparació 5 minuts, cocció 10 minuts

1 tronc de lluç de 250 g
2 gotes de vinagre blanc
unes fulles de julivert
3 patates de les de *platillo* o simplement que siguin noves
1 bitxo picant
1 gra d'all
1/2 llimona
oli d'oliva verge extra
1 fulla de llorer
uns grans de pebre

El julivert pot arribar a fer 80 centímetres d'alçada i té unes fulles verdoses i aromàtiques que sempre acaben al mateix lloc: a la cassola! Hi ha dos tipus de julivert. El llis o de fulles planes, que s'acostuma a utilitzar per donar gust als plats, i el cresp o de fulles arrissades, que s'utilitza com a guarnició en sopes, amanides i plats freds. El julivert és el rei dels condiments i combina perfectament amb amanides, pastes, *mousses*, truites, mariscos i peix.

Informació nutricional: el julivert

- *Aporta grans quantitats de vitamines A i C, àcid fòlic, minerals i és un bon depuratiu per al nostre organisme.*
- *Ajuda a eliminar les pedres dels ronyons.*
- *Conté pocs hidrats de carboni, proteïnes i lípids, i té més ferro, calci i fòsfor que altres hortalisses i verdures.*
- *L'oli essencial de julivert té grans propietats terapèutiques.*
- *És un remei eficaç contra l'halitosi (el mal alè).*
- *Atenció: Les dones embarassades l'han de consumir amb moderació, ja que augmenta la producció de occitocina (una hormona que provoca la contracció de l'úter).*

Procediment

1. Peleu les patates i poseu-les en un recipient per anar al microones amb un dit d'aigua, una fulla de llorer, sal i uns grans de pebre. Tapeu-ho amb paper film i feu-hi uns forats amb la punta d'un ganivet. **2.** Poseu el recipient al microones uns 8 minuts a 400 W. **3.** En una paella que pugui anar al forn poseu un rajolí d'oli d'oliva i marqueu a foc fort el tronc de lluç salpebrat. **4**. Un cop marcat, mulleu el lluç amb el suc de llimona (no gaire), el vinagre, i si us ha quedat sec, amb una espurneta d'aigua i després acabeu de coure el lluç durant 4 minuts al forn a 180 °C. **5**. En una paella, poseu 3 cullerades d'oli d'oliva extra, afegiu bitxo i, després, all, que just abans de daurar-se segrega midó que ajudarà a l'emulsió de la salsa. **6.** Un cop fora del forn, escaldeu el tronc de lluç abocant-li per sobre aquest oli. En acabat, munteu la donosti —emulsionant l'aigua del peix amb oli d'oliva, llimona, vinagre, bitxo i all— a foc lent, en moviments circulars. És el mateix principi d'elaboració del pilpil, encara que la gelatina del lluç no té la mateixa força emulsionant que la del bacallà. **7.** Emplateu el lluç, poseu les patates a banda, i salseu amb el que us queda a la paella. Ah! Per cert. Poseu-hi molt julivert picat per sobre.

De 15 a 30 minuts

Embolcalls de col amb salmó fumat

Ingredients *per a 2 persones (4 embolcalls de 100 g cadascun) preparació 10 minuts, cocció 10 minuts*

200 g de salmó fumat en un sol tall o tallat en làmines
1 alvocat en el punt òptim de maduració
1 poma tipus *golden*
30 ml d'oli de nous i 30 ml d'oli de gira-sol
unes gotes de suc de llimona
2 ulls d'api, com més blancs millor
1 col de fulles amples i llises
1 culleradeta de fulles seques d'orenga
1 ceba tendra petita

I PER A LA VINAGRETA DE MOSTASSA

1 tomàquet d'amanir
1 culleradeta de mostassa granada a l'antiga
1 raig de vinagre de sidra o de poma
1 cogombre agredolç a la polonesa

El salmó és un dels peixos blaus més populars als nostres plats. Aquests animalons viuen als mars del nord fins que tornen al riu on van néixer per deixar els ous o per ser pescats, tot i que la majoria dels que mengem són de piscifactoria. A banda de fresc, però, també el podem trobar envasat, en oli, marinat, transformat en paté i en conserva o... fumat! La tècnica del fumat es basa en la conservació del peix mitjançant la sal i el fum que s'obté de la combustió de fustes nobles. És per això que el fumat adquireix una melositat i una aroma subtil que varia segons la fusta amb què s'ha fumat. Mmmmm!

Procediment

1. Poseu una cassola gran al foc amb aigua i una mica de sal i prepareu un bol amb aigua i glaçons. **2.** Talleu el tronc de la col per poder treure'n les fulles senceres, amb molt de compte. Un cop netes, submergiu-les en l'aigua quan bulli, per escaldar-les, i deixeu-les de 4 a 6 minuts. **3.** Després, introduïu-les en el bol amb els glaçons, i quan estiguin ben fredes, poseu-les al damunt d'un full de paper absorbent. Poseu-hi un altre full al damunt i reserveu-ho. **4.** Escaldeu l'api de la mateixa manera, però bullint-lo uns 8 o 10 minuts. Un cop estigui fred, després de passar-lo pel bol amb glaçons, peleu-lo i talleu-lo a dauets. **5.** Escaldeu el tomàquet durant 10 minuts, passeu-lo pel gel, peleu-lo, separeu-li les llavors i talleu-lo a dauets. Reserveu-ho. **6.** Piqueu la ceba. **7.** Peleu i talleu la poma en daus petits i guardeu-la en aigua amb suc de llimona. **8.** En un bol barregeu els ingredients per al tàrtar: el salmó tallat en daus, la ceba, l'api i la poma. **9.** Amalgameu aquests ingredients amb un parell de cullerades de l'emulsió d'alvocat, fins a aconseguir una pasta uniforme. Tasteu-la i corregiu-la de sal. **10.** Al damunt d'un drap de fil humit, estireu les fulles de col i amb la punta d'algun estri que tingueu que s'assembli a un bisturí, extirpeu el nervi de les fulles, que no és flexible i segurament serà dur. **11.** Poseu dues cullerades de tàrtar al damunt de cada fulla i tanqueu-les en forma d'embolcall. **12.** Feu una vinagreta amb tots els ingredients i salseu cada embolcall emplatat per separat.

Informació nutricional: el salmó

- *Ajuda a augmentar el colesterol bo i ataca el colesterol dolent. Aporta vitamina E i minerals, com el potassi, necessari per a la transmissió de l'impuls nerviós, i el fòsfor, necessari per a l'activitat de nervis i músculs.*
- *També redueix el risc de trombosi, arteriosclerosi, problemes circulatoris i malalties cardiovasculars.*
- *Les característiques nutricionals del salmó fresc i el salmó fumat són les mateixes. En general, però, no convé abusar dels productes fumats.*

Risotto amb mongeta tendra

Ingredients *per a 2 persones*
preparació 10 minuts, cocció 18 minuts

150 g d'arròs *arborio carniroglio*
300 g d'emperador en un tall, millor si és ample
100 g de mongeta tendra *perona*, les més petites que trobeu
1 escalunya
2 cullerades d'ous de truita
50 cc de crema de llet amb un 35 % de matèria grassa
julivert picat
25 g de mantega de qualitat

I PER AL FUMET BLANC

400 g de peix (demaneu espines i caps de bacallà fresc o lluç)
6 grans de pebre negre
2 cullerades d'oli d'oliva
400 cc d'aigua envasada
1 gra d'all
1 fulla de llorer
1 branca de julivert

La mongeta tendra és un aliment que podem tenir a casa sempre que vulguem, tot i que diuen que la millor època per menjar-ne és a finals de primavera i a principis d'estiu. N'hi ha més de cent varietats, però les més conegudes són la *bobby* i la *perona*. Un cop a casa, cal que us les mengeu de seguida perquè conservin tot el gust. També les podeu guardar a la nevera de tres a cinc dies o congelar-les traient-los les puntes i escaldant-les.

Informació nutricional: la mongeta tendra
• Aporta fibra i és baixa en calories, només 30 calories per cada 100 grams.
• És rica en vitamines A i C, i també en minerals com el potassi i el sodi.
• Conté petites quantitats de ferro, i poques proteïnes i hidrats de carboni.
• Atenció: Les mongetes tendres no s'han de menjar mai crues perquè contenen una substància tòxica que pot provocar mal de panxa o indigestió. S'han de fer bullir durant una estona i, llavors sí, menjar-ne tantes com es vulgui.

Procediment

1. Comenceu pel fumet: en una cassola alta d'acer escalfeu dues cullerades d'oli d'oliva i fregiu els grans de pebre. Quan comencin a queixar-se, poseu-hi el gra d'all i quan faci olor d'all fregit, la fulla de llorer. Al cap de 5 segons màxim, aboqueu l'aigua. **2.** Quan bulli, saleu-ho lleugerament i poseu-hi els trossets de peix i les espines, net d'ulls, ganyes, sang i freixures. **3.** Deixeu-ho coure de 20 a 25 minuts a foc lent. Després afegiu-hi unes fulles de julivert, ja fora del foc. **4.** Passeu-ho pel colador més fi que tingueu i reserveu-ho. **5.** Piqueu l'escalunya molt fina i sofregiu-la amb mantega a foc baix en una cassola d'acer inoxidable o ferro colat. **6.** Talleu l'emperador en daus regulars d'1 cm de gruix. **7.** Traieu les cues de les mongetes, renteu-les i talleu-les en trossos petits d'aproximadament 1/2 cm. **8.** Enrossiu lleugerament l'arròs amb l'escalunya i, al cap d'uns 2 minuts, afegiu-hi les mongetes, que heu de deixar coure només una mica. **9.** En una cassola, feu bullir el fumet. Quan sigui calent, aneu remullant l'arròs amb el fumet, a poc a poc, fent servir un cassó. La tècnica del *risotto* consisteix bàsicament en dos procediments: *a*) el caldo de cocció s'afegeix en petites dosis, a mesura que l'arròs se'l beu, i *b*) s'ha de coure l'arròs fins aconseguir la cremositat que resulta de la barreja del midó que segrega el gra i la untuositat final de la crema de llet. **10.** En una paella daureu els daus d'emperador salpebrats, en dos cops, per assegurar que no baixi la temperatura de la paella, que el peix no deixi anar aigua i que es passi del punt de cocció òptim. Reserveu-lo. **11.** Quan l'arròs estigui *al dente*, saleu-ho al punt, afegiu-hi l'emperador, la crema de llet i el julivert, i continueu remenant-ho fins que el conjunt adquireixi una textura cremosa però consistent.

Gambes amb bufanda de llenguado i crema de nous

Ingredients *per persona*

preparació 12 minuts, cocció 4 minuts

12 gambes vermelles
1 llenguado d'uns 250 g (demaneu al peixater que us el talli en 4 filets i que us doni el cap i les espines)
250 cc de fumet de peix
50 g de nous pelades
4 talls de cansalada curada o bacó, el més prims possible i d'uns 10 cm de llarg com a mínim
25 g de mantega de bona qualitat
oli d'oliva verge
1 broqueta de bambú d'uns 20 cm de llarg

De gambes, se'n poden menjar sempre, només cal posar-hi imaginació i fer una festa amb una excusa qualsevol. El pressupost no pot ser mai un fre perquè n'hi ha per a totes les butxaques. Si volem fer festa grossa les podem comprar vermelles, una varietat que es pesca sobretot al Mediterrani, en el tram comprès entre Girona i Almeria, i ben fresques, d'aquelles que encara ballen claqué. Es poden fer de moltes maneres: a la planxa, escaldades, fregides, guisades, al vapor... Però, i cuinar-les amb bufanda? Heus aquí un plat excepcional per celebrar que ens agrada cuinar!

Informació nutricional: les gambes

- *Tenen un baix contingut en greix: són ideals per a les persones que fan dietes per aprimar-se.*
- *Aporten vitamina E, d'acció antioxidant, i proteïna d'alt valor biològic.*
- *Atenció: Les persones amb el colesterol i la tensió alts només poden menjar gambes de tant en tant i amb moderació.*

Procediment

1. Daureu les espines i el cap del llenguado al forn fins que siguin rossos, reserveu i rebutgeu el que s'hagi cremat. **2.** Peleu les gambes, reserveu-ne les cues. Fregiu en oli roent les pells i els caps un moment, i després poseu-los al forn a 200 °C durant 10 minuts, sense d'oli. Reserveu-ho. **3.** Poseu un filet de llenguado en una superfície de treball, amb la part de la pell cap a baix, salpebreu-lo i poseu-li tres cues de gamba al damunt. Emboliqueu-les amb el filet i, per sobre, lligueu-ho amb cadascuna de les tires de cansalada o bacó. Repetiu l'operació amb la resta de filets i gambes, i travesseu els timbals amb la broqueta. **4.** Per fer la salsa, desfeu la mantega a foc lent en una cassola. Daureu les nous trossejades i reserveu-les. **5.** En la mateixa cassola, feu arrencar el bull al fumet a foc suau; afegiu-hi les espines i el cap del llenguado, i les pells i els caps de les gambes. Deixeu-ho bullir durant 20-25 minuts. **6.** Coleu el caldo, feu que torni a bullir i deixeu-lo reduir fins que en quedin uns 100 cc. Després passeu-lo per la trituradora amb les nous per fer la salsa. Rectifiqueu-la de sal. **7.** Per acabar el plat, marqueu la broqueta en una paella a foc fort amb tots els timbals verticals i, un cop daurada de la base, fornegeu-la durant 2 minuts per assegurar la cocció de les gambes. **8.** En un plat fondo, poseu la crema a la base i la broqueta al damunt. Una mica de sal de la Camarga o Maldon, i a gaudir.

Filet de vedella amb olives

Ingredients *per persona*
preparació 10 minuts, cocció 12 minuts

18 olives negres sevillanes o *perles del Guadalquivir*
1 tall de filet de vedella de 250 g
1 peça de volva de fonoll
2 filets d'anxova dessalats i marinats en oli d'oliva
1 copa de vi blanc
50 ml de crema de llet amb un 35 % de matèria grassa
1 ceba petita
mantega

Des de l'antiguitat, l'oliva és un dels aliments més importants de la dieta mediterrània. D'olives, n'hi ha més de cent varietats. Els que en saben més diuen que les més apreciades són les olives verdes, collides a l'inici del procés de maduració, les negres naturals, collides en plena maduresa del fruit, i les negres oxidades, collides en plena maduresa i sotmeses a un procés de maduració.

Informació nutricional: les olives

- *Són un important estimulant per a l'apetit i estan indicades en casos de dietes per guanyar pes.*
- *Són bones per al fetge, ja que augmenten la secreció de la vesícula biliar i estan indicades en casos d'estrenyiment.*
- *Aporten fibra, vitamines, minerals i substàncies antioxidants.*
- *Tenen tantes propietats que fins i tot els cardiòlegs les recomanen per prevenir malalties del cor si no es té hipertensió.*
- *També són molt indicades en casos d'anèmia.*
- *Atenció: Les persones amb sobrepès han de tenir en compte que són molt calòriques: 100 grams aporten al cos 187 calories.*

Procediment

1. Desosseu les olives i reserveu-les. **2.** Traieu el tall de filet de la nevera per tal de temperar-lo. **3.** Netegeu la volva de fonoll i traieu-li les fulles. Talleu-la pel mig longitudinalment i fiqueu-la en un bol que pugui anar al microones, amb un ditet d'aigua i sal. Filmeu tot el conjunt i feu uns foradets al film per permetre una evaporació de seguretat. Programeu el forn a 650 W durant 8 minuts. **4.** Piqueu l'escalunya molt fina i sofregiu-la a foc mig en un cassó fins que quedi rossa. **5.** Practiqueu una reducció: evaporeu l'alcohol i l'aigua per aconseguir una textura més densa de la salsa. Un cop reduït, afegiu la crema de llet i deixeu que tot just arrenqui a bullir abans d'apagar el foc. **6.** Afegiu els filets d'anxova, sense espines i aixafades. **7.** Afegiu la polpa de les olives, també aixafada i, un cop difuminada en la crema de llet, saleu-ho tot al punt. **8.** Passeu-ho un momentet per la trituradora, el just per esmicolar tots els ingredients de la salsa, no per fer-ne un puré. **9.** Feu el filet a la planxa o, encara millor, en una paella que retingui el greix durant la cocció en comptes d'evaporar-lo; així arrodoniu el sabor del filet. **10.** Emplateu: creueu les dues meitats de fonoll des del centre del plat cap enfora, poseu la peça del filet sobre la verdura i salseu.

Arròs a la milanesa amb ous de guatlla esclatats

Ingredients *per a 2 persones*
preparació 12 minuts, cocció 16 minuts

80 g d'arròs
1 ceba petita
2 tomàquets vermells, o una miqueta de tomàquet triturat
1/2 pebrot verd
1/2 pebrot vermell
1/2 carbassó
1/2 albergínia
4 ous de guatlla
herbes de la Provença
250 cc de brou de verdures o d'au, com us agradi més

L'ou de guatlla té un color característic, i un aspecte i un gust que deixen bocabadats. Llanceu-vos a provar coses noves i trieu els ous de guatlla per quedar-vos amb el personal: podeu fer minious fregits, minious durs, minious passats per aigua, minious escalfats. Els consells a l'hora de comprar-los i conservar-los són els mateixos que per a qualsevol altre tipus d'ou. Fiqueu-los a la nevera, tancats dins d'un recipient perquè no absorbeixin sabors ni olors. I no els renteu abans de guardar-los perquè si ho feu perdran la capa protectora que impedeix l'entrada de microorganismes dins de l'ou.

Procediment

1. Talleu totes les hortalisses a daus petits. L'albergínia, poseu-la al damunt d'una reixa o un colador amb una mica de sal, així perdrà l'amargor suant l'aigua que conté. **2.** En una paella que pugui anar al forn, comenceu a coure les verdures. Primer la ceba, picadeta... **3.** ... quan estigui daurada, els pebrots, primer el verd i després el vermell... **4.** ... quan s'estovin, el carbassó... **5.** ... quan s'estovi, l'albergínia... **6.** ... i, per acabar, afegiu-hi el tomàquet pelat i sense llavors, tallat en daus petits si és que el poseu natural. **7.** Saleu lleugerament i deixeu-ho coure a foc mig-baix fins que obtingueu una aromàtica confitura de verdures en la qual tot estigui tendre però no desfet. **8.** Feu arrencar el bull al brou en un cassó a part i poseu-lo al punt de sal. **9.** Escalfeu el forn a 200 °C. **10.** Afegiu l'arròs a la paella de les verdures i enrossiu-lo un xic fins que es begui tot l'oli. **11.** Apugeu el foc. Quan la paella sigui ben calenta, mulleu l'arròs amb brou en plena ebullició. **12.** Removeu-ho tot bé, comproveu el punt de sal i fornegeu-ho durant 13 minuts. **13.** Obriu els ous de guatlla en un plat vigilant de no trencar cap rovell. **14.** Passats els 13 minuts, poseu els ous, amb els rovells sencers i sense remenar, al damunt de l'arròs. Torneu-ho a posar al forn només 1 minut. **15.** Traieu-lo del forn i tapeu-ho 2 minuts perquè l'arròs acabi de coure's. **16.** Ja podeu posar-ho al plat i menjar-ho. A mi m'agrada especialment la untuositat que dóna el rovell cru de l'ou quan el barreges amb les verdures i l'arròs.

Informació nutricional: els ous de guatlla

• Són molt nutritius: aporten molta proteïna i vitamina A. Nutricionalment, 4 ous de guatlla equivalen a 1 ou de gallina. Tot i que l'ou de guatlla és més ric en ferro que el de gallina, té més o menys les mateixes calories, minerals i vitamines que els de gallina.

• A la clara tenen molta aigua i proteïna d'alt valor biològic. I al rovell, tota la resta de nutrients: greixos, ferro, proteïna d'alt valor biològic i força vitamines.

• Estan indicats per als problemes d'ossos i articulacions.

• Són un aliment energètic i estimulen el sistema immunològic.

• Atenció: Cal tenir present que els ous de gallina aporten 410 mil·ligrams de colesterol per cada 100 grams de rovell, i els de guatlla, 844 mil·ligrams.

Tagliatelle al pesto

Ingredients *per a 2 persones*
preparació 10 minuts, cocció 10 minuts

250 g de *tagliatelle* frescos
1 manat de fulles d'alfàbrega genovesa
50 g de pinyons de pi
50 g de formatge parmesà ratllat
1 gra d'all
100 cc d'oli d'oliva verge extra

Quan oloreu l'alfàbrega, us ve al cap l'olor d'un munt de plats de cuina italiana. A Catalunya cada cop és més normal trobar-la en plats de cuina del dia a dia. La podeu cultivar a casa i, si no, comprar-la en manat, però penseu que un cop tallada no li agrada gens l'aigua ni el fred de la nevera. Les fulles que no feu servir les podeu submergir en oli, així tindreu fulles d'alfàbrega per quan vulgueu i, de propina, oli aromatitzat! L'alfàbrega, aparellada amb el parmesà, és la base d'una salsa tan bona com genuïnament italiana, el *pesto*.

Informació nutricional: l'alfàbrega

- *Estimula la gana, afavoreix la digestió i ajuda a reduir la inflamació.*
- *La pasta amb pesto és un plat energètic, fantàstic per a nens, joves i esportistes.*

Procediment

1. Poseu una cassola al foc amb aigua abundant, una mica de sal, una fulla de llorer i un raig d'oli. **2.** Mentre arrenca a bullir, feu el *pesto*. En el got de la trituradora, poseu l'alfàbrega (sense els nervis de les fulles), el parmesà, els pinyons, el gra d'all, una punta de sal, oli d'oliva i tritureu. **3.** Quan bulli l'aigua de la cassola, introduïu-hi la pasta i coeu-la seguint el temps de cocció que indica el fabricant. Un cop cuita, la passeu a un colador o una esbandidora. **4.** Després, salteu la pasta en una paella amb una mica de mantega i tot seguit emplateu-la en dos plats. **5.** Salseu amb el *pesto* i a menjar...

Cassola de rap de tardor

Ingredients *per a 2 persones*
preparació 10 minuts, cocció 12 minuts

1 cua de rap d'uns 500 g (demaneu les penques netes de pell)
400 g de cap de rap net per fer fumet (si el vostre peixater encara no us mira malament, demaneu-li si pot tallar-lo en trossos més petits)
1/2 carbassa, del tipus que vulgueu
200 g de bolets de temporada, preferentment fredolics o llenegues, que segreguen molta més gelatina que els altres
100 g de cansalada curada o salada, però no bacó sinó simplement curada al natural
1 gra d'all
julivert picat
1 fulla de llorer

La carbassa és una hortalissa de la família de les cucurbitàcies. I és cosina germana del carbassó. De carbasses, n'hi ha de molts tipus, però podem diferenciar-ne dos grans grups: les de tardor o hivern i les de primavera o estiu. En les carbasses la pell és fonamental. Si brilla massa és que és verda i si és aspra és que s'ha fet malbé. Mireu que no tingui cap cop ni cap tall.

Quin estri cal tenir sempre a la cuina?
No ho penseu més. La solució és comprarvos un vas mesurador. El podeu adquirir per un preu irrisori i us servirà per mesurar el sucre, l'aigua, l'oli, la farina i altres ingredients que vulgueu mesurar. D'aquesta manera sabreu fàcilment la mida exacta d'1 litre d'aigua o de 100 g de sucre, per exemple. Recomano tenir-lo sempre a la cuina!

Procediment

1. Talleu cada penca de rap en tres talls. **2.** Po-seu en una olla petita 1 litre d'aigua, una fulla de llorer i un polsim de sal. **3.** Netegeu els talls de cap de rap i l'espina de la cua amb aigua freda, i introduïu-los a l'olla. Quan torni a arrencar el bull, abaixeu el foc i espereu 20 minuts abans d'utilitzar el fumet. **4.** Netegeu els bolets en sec, només amb l'ajut d'un paper de cuina humit. Talleu la base del peu. **5.** Arrenqueu-los a bullir amb un dit d'aigua en un cassó tapat. Així que bullin, retireu-los del foc i reserveu-los dins d'aquesta aigua. **6.** Talleu el gra d'all en làmines. **7.** Talleu la carbassa pel mig i, amb una cullera, netegeu-la de llavors fins que arribeu a tocar directament la polpa. Un cop neta, l'hauríeu de buidar a trossos amb forma rodona. A les botigues venen un estri especial per a això, és una mena de cullera rodona. Tingueu cura de treure les boles dibuixant una línia ordenada. **8.** Comencem la cocció: en una cassola escalfeu una mica de mantega barrejada amb oli d'oliva perquè no es cremi, i daureu les làmines d'all. **9.** Afegiu-hi la cansalada tallada en dauets i la daureu-la. **10.** Incorporeu-hi els bolets amb una mica de sal i pebre. **11.** Afegiu-hi les boles de carbassa, torneu-ho a salpebrar un xic i després d'uns 2 minuts, mulleu-ho amb una mica de l'aigua dels bolets. **12.** Deixeu-ho coure durant 2 o 3 minuts, afegiu-hi el rap i la part necessària de fumet per a la cocció: si en poseu poc tindreu una cassola gelatinosa i si en poseu més podeu fer fins i tot un arròs. **13.** Emplateu-ho en un plat soper i poseu una mica de julivert picat pel damunt per aromatitzar.

Informació nutricional: les carbasses

• El seu taronja indica que tenen un munt de provitamina A, o sigui betacarotè.

• Contenen molts hidrats de carboni que produeixen un efecte saciant. Els qui no us voleu engreixar, mengeu carbassa: té poques calories i un munt de vitamines.

• La carbassa té molta gelatina i quan la mengem, augmentem la viscositat dels aliments que ingerim i els digerim millor. També ajuda a controlar la pujada del sucre de després de menjar. Per tant, és un aliment molt bo per les persones diabètiques.

• Està indicada per a persones amb la tensió alta i, com que té molta fibra, és molt bona per al restrenyiment.

Foie gras amb *chutney* de carbassa i tamarinde

Ingredients *per a 2 persones*
preparació 25 minuts, cocció 4 minuts el foie, *1 hora i 1/2 el chutney*

2 escalopes de fetge d'ànec d'uns 150 g cadascuna
6 tamarindes ben madurs
1/2 carbassa violí, si és possible una mica madura
1 pot petit de confitura de ceba de Figueres o 1 ceba ben sofregida
50 cl de vinagre de Mòdena envellit 3 anys
100 cl d'aigua envasada
3 claus d'olor

El *foie gras* és el producte que s'obté del fetge de dos animals: l'ànec i l'oca. Tots dos igual de bons, tots dos igual de saborosos. Els diferents *foie gras* es diferencien pel tractament tèrmic que reben. El *foie gras* cru és d'aspecte més aviat rosat i és perfecte per lluir a taula en dates assenyalades. El fresc s'obté a través d'un procés de cocció en terrines i es ven sencer o a talls de més d'un centímetre. El mig cuit és el fetge pasteuritzat, que es comercialitza tant en terrines com envasat al buit. I també hi ha els populars *foie gras* en conserva.

Procediment

1. Per a la preparació del *chutney*, peleu la carbassa com si fos una pinya: primer els extrems longitudinals i després, tot reposant-la dreta, de dalt cap a baix amb un ganivet de serra i fulla estreta per poder dominar-la mentre la talleu. **2.** Passeu la carbassa pel ratllador ample per fer tires gruixudes. **3.** Peleu els tamarindes i traieu-los la llavor de la branca central. Passeu la polpa pel colador perquè no quedin fils en el *chutney*. **4.** Poseu la confitura de ceba en una cassola d'acer inoxidable i escalfeu-la lleugerament. Afegiu-hi el vinagre de Mòdena i deixeu que redueixi a foc lent fins que torneu a recuperar la textura de confitura. **5.** Ara afegiu-hi la polpa de tamarinde, la carbassa i els 3 claus d'olor, i deixeu que arrenqui el bull. **6.** Quan ho faci, mulleu amb una mica d'aigua per assegurar que la carbassa quedi cuita tota per igual. Abaixeu el foc i deixeu que cogui fins que la carbassa estigui molt tendra i el conjunt adquireixi la textura gairebé de cabell d'àngel. **7.** Per coure el fetge d'ànec, escalfeu una paella antiadherent sense gens d'oli, a foc lleuger, no gaire fort. **8.** Salpebreu els escalopins pels dos costats i poseu-los a la paella. **9.** Després d'1 minut i 1/2, doneu-los la volta, i continueu la cocció 1 minut més. **10.** Llavors passeu-los al damunt d'un paper assecant o, en aquest cas, feu el sacrifici d'utilitzar un drap de fil per assegurar que un producte tan delicat no es tenyeixi de l'aroma del paper... **11.** A l'hora d'emplatar, disposeu una base de *chutney* calent al centre del plat i recolzeu l'escalopa de fetge al damunt.

Informació nutricional: el foie gras

- *Està indicat en casos d'anèmia. Conté minerals com ferro, calci i fòsfor.*
- *És una important font de vitamines A, B12 i àcid fòlic. Per tant, actua com a reparador dels teixits corporals, ajuda a la formació i maduració dels glòbuls rojos, i s'aconsella menjar-ne per tenir una correcta visió.*
- *Atenció: Té un gran valor calòric. Les persones amb sobrepès o colesterol han de reduir-ne el consum.*

NOTA: Aquest plat no és massa complicat de fer. Només té la dificultat que no podeu coure el fetge abans que els convidats seguin a taula.

Llenguado a l'estil del *serrallo*

Ingredients *per persona*
preparació 5 minuts, cocció 5 minuts el peix,
25 minuts el caldo

1 llenguado d'uns 250 g amb els lloms separats, i les espines, la pell i el cap a part
25 g d'ametlla crua a làmines
25 g de pernil salat en un tall
4 talls de pernil salat ben primets
2 tomàquets vermells de branca
1 culleradeta de farina
oli d'oliva verge extra
1 culleradeta de pebre vermell mòlt fumat (de la Vera, murcià)

El llenguado pertany a la família dels peixos plans, com la bruixa o el turbot, tot i que el llenguado és el més fi de sabor. Els llenguados, com tots els peixos plans, són de carn blanca i, per tant, tenen molt poc greix i són fàcils de digerir. A Catalunya, aquests peixos es pesquen a la zona de Tarragona. De tota manera, al mercat en trobareu de França, Holanda i Anglaterra. Se'n poden comprar de dues menes: el llenguado de platja, molt més valorat, i el de piscifactoria, que té l'avantatge de proporcionar llenguados de ració, o el que és el mateix, de 25 centímetres.

Informació nutricional: els llenguados
• Aporten molta proteïna de gran qualitat. A més, té força minerals com el sodi, el potassi i el fòsfor. I vitamines del grup B.
• Es recomana a persones de salut delicada: nens i gent gran, perquè té una carn molt baixa en greixos i fàcil de digerir.
• També es recomana llenguado a les persones diabètiques i malaltes del fetge.

Procediment

1. Talleu la pell dels tomàquets amb dues lleugeres incisions en forma de creu per la part de baix i escaliveu-los al forn 35 minuts a 210 ºC. **2.** En una paella antiadherent daureu les despulles del llenguado fins que siguin rosses. **3.** Afegiu-hi un got d'aigua i abaixeu el foc. Coeu-ho a foc lent de 20 a 25 minuts. **4.** Munteu els lloms del llenguado de dos en dos, longitudinalment, amb un polsim de pebre vermell al mig, i embolcalleu-los pels extrems amb tires de pernil a mode de bufanda. **5.** Feu els lloms de llenguado a la planxa i reserveu-los. **6.** Afegiu 2 cullerades d'oli d'oliva verge i daureu-hi les làmines d'ametlla. **7.** Afegiu-hi 1/2 culleradeta de farina i quan sigui rossa, sofregiu el pebre vermell durant 10 segons. I per acabar, afegiu-hi el pernil tallat en dauets; no cal que es fregeixi, només que s'escalfi una mica. **8.** Mulleu el contingut amb 1/2 got del fumet de llenguado i deixeu que la salsa s'espesseixi. Saleu-ho. **9.** Poseu al plat els lloms de peix, els tomàquets, i salseu-ho amb el contingut de la paella. Llestos!

Crema de porros amb peus de porc

Ingredients *per a 2 persones*
preparació 10 minuts, cocció 18-20 minuts

1 peu de porc bullit
4 porros estrets i amb la part blanca de la tija que sigui llarga
1/4 de api-rave, pelat i tallat a daus
1/2 got de caldo de verdures
1/2 got de crema de llet
1 cullerada de pasta de romesco
2 llesques de pa del dia abans
pebre negre

El porro és ideal per fer un munt de plats, entre ells, l'arxifamosa crema de porros que es coneix com *vichyssoise*. Però anem a pams. De porros, n'hi ha de tardor, hivern i primavera. Els que val la pena comprar es distingeixen de seguida: bulb blanc, aspecte recte, absència de marques i un bon gruix. No en compreu mai cap amb les fulles tallades... Hi ha qui fa servir les fulles del porro per fer brous i sopes, però la part que més s'aprofita és el bulb, que té un aroma que recorda la ceba i una mica l'all. I és que, de fet, pertanyen a la mateixa família.

Informació nutricional: els porros

- *Són una mina de minerals: potassi, ferro, magnesi, calci, fòsfor i vitamina A, a més de ser depuratius i diürètics.*
- *El porro cru aporta àcid fòlic a cabassos, hidrats de carboni i un oli essencial que facilita la digestió, estimula la gana i que va molt bé si s'està refredat.*
- *Gairebé no proporcionen calories ni greixos però si se'n mengen massa, poden provocar gasos, d'aquells tan poc diplomàtics.*
- *Atenció: Poden produir al·lèrgia en persones que en són sensibles.*

Procediment

1. Netegeu els porros. **2.** Talleu-los a la juliana fina i poseu-los en un bol de vidre juntament amb els daus d'api-rave i el 1/2 got de brou de verdures. **3.** Filmeu i feu uns foradets al film amb la punta d'un ganivet per permetre l'evacuació de vapor. **4.** Coeu-ho al microones durant de 10 minuts a tota potència. **5.** Traieu les verdures del microones i aprofiteu per temperar-hi els peus de porc sense treure'ls del buit, uns 4 minuts a 500 W. **6.** Mentrestant, afegiu al bol de les verdures la crema de llet i, un cop els peus de porc s'hagin temperat, torneu a ficar el bol al microones per coure'l 8 o 9 minuts més. **7.** Desosseu els peus de porc, col·locant la pell contra la superfície de treball. Traieu els ossos amb cura de no trencar la pell de la base. **8.** En una paella antiadherent marqueu els peus de porc a foc lent per la part de la pell durant uns 6 minuts, fins que siguin dauradets i cruixents. **9.** Traieu la verdura del microones. Deixeu-la reposar 5 minuts i passeu-la, sense el suc, al got de la trituradora. Tritureu-ho a tota potència i afegiu-hi líquid de la cocció com us agradi la textura de la crema. **10.** Passeu-ho per un colador fi, poseu-ho al punt de sal i reserveu-ho. **11.** Passeu les 2 meitats dels peus de porc, amb la pell mirant amunt, a una plata per gratinar. Poseu el microones en posició de gratinador. Escampeu una mica de pasta de romesco pel damunt de la pell i gratineu-la fins que quedi ben torrada. **12.** En el mateix moment, torreu les 2 llesques de pa en la mateixa paella on heu daurat els peus de porc; afegiu-hi un rajolí d'oli si és necessari. **13.** Emplateu: en un plat fondo, poseu la llesca de pa al centre, banyeu-la amb la crema de porros i api-rave, i poseu el peu de porc damunt del pa sense que la crema en cobreixi la superfície cruixent. **14.** Feu un cordillet d'oli del romesco al voltant del peu de porc.

Tàrtar de *chatka*

Ingredients *per a 2 persones*
preparació 15 minuts, cocció 10 minuts

1 ampolla de cava
1 llauna petita de carn de cranc reial (*chatka*) que podeu trobar habitualment a les botigues de *delicatessen*
2 gambes vermelles i grosses superfresques
1/2 poma àcida tipus Granny Smith
1 ceba petita
1/2 magrana
8 fulles de *lollo rosso* (el de color morat)
unes gotes de salsa Lea & Perrins
1/2 alvocat madur
unes gotes de suc de llimona

El cava, el de casa nostra i no el xampany, s'acostuma elaborar amb les següents varietats de raïm: el xarel·lo, el parellada i el chardonnay. Quan el raïm ha madurat, comença el procés d'elaboració del vi: es fa la verema i la premsada. Un cop embotellat es guarda a les caves a uns 10-15 °C. Després de la segona fermentació, les ampolles es tapen i s'emmagatzemen en una altra cava en pupitres o fileres, es deixen en silenci i a les fosques, i llavors és qüestió d'esperar... L'últim pas és substituir el tap hermètic de corona pel de suro; l'etnòleg afegeix una petita proporció de licor i sucre al producte i, en acabat, les ampolles passen controls de qualitat. Si tot és correcte, se les etiqueta i ja es pot distribuir.

Per què fa tanta escuma, el cava, quan el servim?

La resposta us sorprendrà: perquè la copa està completament seca. Per aconseguir que no faci tanta escuma, feu dues passades amb l'ampolla: la primera, omplint les copes només un ditet i la segona, fent que el cava caigui directament sobre la superfície del líquid de manera que no toqui les parets de la copa.

Informació nutricional: el cava

- *Conté minerals com el potassi, el calci, el magnesi i el fòsfor.*
- *Evita l'oxidació de lípids i l'agregació de plaquetes, té un efecte antioxidant i fa augmentar el colesterol bo.*
- *El cava dolç té molts hidrats de carboni.*
- *Atenció: Quan prenem cava en excés, té efectes nocius per a l'organisme. Per beneficiar-nos de les seves propietats saludables, cal prendre'l amb molta moderació, sobretot les dones.*

Procediment

1. Traieu els grans de magrana colpejant-la per la part de la pell amb la mà d'un morter, al damunt d'un bol d'un diàmetre que empari la 1/2 magrana. I aneu amb cura de no tacar-vos: els pigments del suc de la magrana costen molt de treure de la roba. **2.** Piqueu la ceba tendra el més fina possible. **3.** Desfeu la carn de cranc amb els dits, deixant-la en filaments, sense el líquid que heu de reservar. **4.** Netegeu les fulles d'enciam i quedeu-vos amb la part més fosca i arrissada. Reserveu. **5.** Peleu la poma i talleu-la en dauets petits. Reserveu-la amb aigua i llimona, així no es tornarà negra ni perdrà l'acidesa. **6.** Poseu al got de la batedora la polpa d'alvocat i el líquid de conserva del cranc, i turbineu. **7.** Un cop tingueu una crema homogènia, munteu-la, sense deixar de triturar, amb l'oli de gambes (si no en teniu, l'haureu de fer fregint els caps de les gambes en oli de gira-sol i deixant-lo refredar abans d'utilitzar-lo). **8.** Peleu la cua de les gambes i reserveu-les per decorar el plat. **9.** En un bol d'acer, mescleu tots els ingredients excepte l'emulsió d'alvocat i les cues de les gambes. Saleu i mulleu-ho amb una mica d'oli de gambes. **10.** Prepareu dues copes semblants a les que s'usen per fer copes de gelat. En el fons, poseu 1 o 2 cullerades de salsa d'alvocat. Al damunt, el contingut del bol, o sigui, el tàrtar, i per decorar, les cues de les gambes mirant enfora.

Bròquil gratinat amb beixamel

Ingredients *per persona*

preparació 10 minuts, cocció 20 minuts

150 g de bròquil, net i tallat des de la base
1 tall d'uns 50 g de bacó fumat, tallat en una llenca de 3 mm de gruix
50 cl de salsa beixamel
15-20 g de formatge ratllat per gratinar
1 fulla de llorer
1 gra d'all
uns grans de pebre

El bròquil és cosí germà de la coliflor. Va ser importat des de Turquia pels romans. Nosaltres no el vam tastar fins més tard però, des de llavors, no ha deixat d'estar present a les nostres taules. Els qui us agradi aquesta verdura heu de tenir en compte que no sempre n'hi ha, només es troba al mercat des d'octubre fins a l'abril. Si no us podeu esperar, però, el trobareu tot l'any a la secció de congelats. Amb el bròquil es poden fer receptes tan bones com la crema de bròquil, el bròquil ofegat amb gambes, el pastís de verdures amb bròquil o un plat tan deliciós com fàcil de fer, el bròquil gratinat amb beixamel.

Informació nutricional: el bròquil

• És una de les verdures més sanes que hi ha: destaquen les seves propietats anticancerígenes; és antioxidant, perfecte per retardar els processos d'envelliment; és una molt bona font de fibra; és un gran estimulant del fetge, i per l'alt contingut en sofre, el bròquil és antivíric.

• És ric en vitamines C i A, i també en minerals: calci, potassi, magnesi, sofre i ferro.

• Es recomana als nens, la gent gran i les persones que han de fer dieta.

Procediment

1. Remulleu el bròquil sencer en aigua freda. Per separar-lo en brots, talleu des de la base, cap per avall, les branquetes que surten de la base del tronc. Així separareu el bròquil en brots uniformes sense destrossar la seva estructura. **2.** Poseu-lo en un bol per anar al microones, amb una mica d'aigua en el fons, una fulleta de llorer, un gra d'all i uns grans de pebre. Filmeu el bol i programeu el microones a 750 W uns 6 o 8 minuts. **3.** Després de la cocció deixeu-ho reposar de 2 a 3 minuts. **4.** Talleu el bacó en dauets petits. Prescalfeu el plat del microones, anomenat *crisp*, durant 2 minuts a 750 W. **5.** Poseu els dauets en el plat *crisp* i daureu-los 1 minut a 750 W. **6.** Traieu el plat i disposeu els brots de bròquil al damunt del bacó. Salseu amb la beixamel i poseu al damunt el formatge ratllat.

Carxofa al forn amb cuixa de pollastre

Ingredients *per persona*
preparació 10 minuts, cocció 20 minuts

1 cuixa de pollastre oberta per fer a la graella
2 carxofes
1 got de brou de verdures
1 gra d'all
1 fulla de llorer
orenga en fulla
unes gotes de suc de llimona
pebre
oli d'oliva

La carxofa prové d'una altra planta de poc prestigi: el card. La flor de la carxofa, però, s'ha sofisticat fins a convertir-se en una petita caixa forta vegetal. Per reconèixer una bona carxofa heu de mirar que pesi, que tingui les fulles fermes i atapeïdes, d'aspecte brillant i uniforme. Quan en compreu, penseu a agafar també llimones perquè les carxofes, un cop pelades, s'han de ruixar amb suc de llimona perquè no es tornin negres. Ara només us cal un ganivet i començar a desfullar la carxofa fins a arribar... al cor de la carxofa! La joia de la corona! No m'estranya que els romans la convertissin en el símbol de la seva capital.

Per què la cuixa de pollastre s'acostuma a descalçar de l'os?
Perquè el temps de cocció disminueix sensiblement respecte al de la cuixa amb os. Cal tenir en compte, d'altra banda, que el pit de pollastre té un temps de cocció sensiblement inferior.

Procediment

1. Talleu la part de dalt de les carxofes i traieu les fulles exteriors més dures, però no les netegeu gaire. **2.** Amb el coll d'una ampolla de vidre o amb qualsevol altre "mal canto" on us pugueu deixar les banyes, fumeu un cop a les carxofes, amb força, per tal de separar una mica les fulles abans de la cocció. **3.** Talleu el gra d'all pel mig, longitudinalment, i fiqueu una meitat a cada carxofa. **4.** Salpebreu les carxofes generosament i poseu-les mirant amunt en un plat fondo o en un bol. Afegiu-hi la fulla de llorer i el brou i filmeu-ho. **5.** Coeu-ho al microones durant 20 minuts a 500 W. **6.** Passat aquest temps, traieu-les i deixeu que es refredin sense destapar-les. **7.** Salpebreu la cuixa de pollastre i poseu-li orenga en fulla a l'interior. Poseu-la a la paella a foc mig, amb la pell que toqui el plat, i coeu durant 12 minuts. A mitja cocció, gireu la cuixa perquè es faci per l'altra banda. **8.** Emplateu-ho.

Informació nutricional: les carxofes

• D'una banda estimulen la gana però, d'una altra, com que aporten poques calories i són diürètiques, van perfecte per a dietes d'aprimament.

• Aporten: fibra, hidrats de carboni, proteïnes i lípids. També aporten vitamines A, B i C, i minerals com ferro, calci, fòsfor, potassi, magnesi i zinc.

• Són bones per a moltes coses: àcid úric, diabetis, mala circulació, retenció de líquids, reumatisme, artritis, càlculs renals i biliars, colesterol, arteriosclerosi, anèmia... En molts d'aquests casos, a més d'ingerir directament la carxofa es recomana fer una infusió amb les fulles que ens sobrin i la tija. El líquid que en resulta és un depuratiu excel·lent.

• Atenció: Si esteu donant el pit, no en mengeu: la llet es podria tornar amarga!

Peus de porc gratinats amb allioli de pomes

Ingredients *per persona*
preparació 10 minuts, cocció 15 minuts

1 peu de porc bullit i envasat al buit
1/2 poma *golden*
1 cabeça d'alls secs
1 copa de vi blanc
1 iogurt natural
1 culleradeta de *garam masala* (barreja d'espècies hindú)
oli d'oliva
pebre negre

El porc és un animal bo, i més net del que sembla, però no tota la seva carn és igual de bona, sana i valorada en làmbit gastronòmic. Ja veureu que al mercat no totes les peces del porc tenen el mateix preu ni el mateix aspecte. Per exemple: les cintes de llom o les mitjanes es consideren carns de primera categoria; les més bones i carnoses. L'espatlla, en canvi, és carn de segona. I les costelles, les mans, la cua, les orelles, el morro o els peus són carns de tercera categoria. A mi, però, els peus de porc em semblen increïbles, tendres, gustosos, gelatinosos, un plat boníssim i... de primera!

Quina és la temperatura adequada per bullir els peus de porc?
Els peus de porc tenen un component peculiar: la gelatina. Per potenciar-ne la secreció i, per tant, la tendresa i l'amorositat dels peus, s'han de coure al llindar de bullir, però sense fer-ho de manera explícita. Per fer-ho de manera fàcil i segura, els podeu coure al forn. Els poseu en una cassola, coberts amb aigua, una bresa, llorer, all, clau d'olor, i ho coeu al forn a 90 ºC durant 6 hores. És una cocció segura i amb garanties d'èxit. Els qui no disposeu d'aquest temps, al mercat també els podeu trobar ja bullits i, de vegades, envasats al buit i tot, amb bossetes a part que contenen la gelatina dels peus.

Procediment

1. Peleu tots els grans d'all. **2.** Peleu la poma i daureu-la a la planxa amb una mica de mantega fins que sigui rossa. **3.** Poseu la poma al got de la batedora i tritureu-la amb un dels grans d'all. Munteu un allioli amb l'oli d'oliva afegint-lo en rajolí al damunt de la poma sense deixar de batre. **4.** Talleu la resta de grans d'all pel mig, longitudinalment, i traieu-los el brot verd del l'interior. **5.** Poseu-los tots en un cassó i cobriu-los amb aigua freda. Arrenqueu a bullir suaument i, quan l'aigua hagi arribat al bull, canvieu-la, refredeu el cassó i repetiu el procediment dos cops. Per acabar, en una quarta immersió, substituïu l'aigua pel vi blanc, i llavors deixeu que redueixi fins a tenir una confitura d'alls. **6.** Incorporeu el iogurt i el *garam masala* al cassó i deixeu que torni a bullir. Passeu-ho per la trituradora fins a aconseguir una crema de textura semblant a la de la crema catalana. **7.** Escalfeu els peus de porc al microones (sense treure'ls de la bossa de buit, si els compreu envasats així) només per temperar-los, estovar les gelatines i poder-los desossar. **8.** Per desossar, poseu la part de la pell del peu contra la superfície de treball, aneu traient els ossos sense trencar la pell. **9.** En una paella antiadherent, poseu els peus salpebrats amb la pell cap per avall i deixeu que s'enrosseixin. **10.** Enceneu el gratinador del forn. **11.** Poseu els peus en una plata, aquest cop amb la pell mirant enlaire, i esteneu una capa d'all i oli de pomes pel damunt de la superfície cruixent del peu. **12.** Gratineu fins que siguin rossos. **13.** Emplateu: la crema d'alls al fons del plat i el peu desossat muntat al damunt.

Costelles de xai amb salsa de llimona i ou

Ingredients *per persona*
preparació 10 minuts, cocció 15 minuts

6 costelles de xai
el suc d'una llimona
1 rovell d'ou
1 cabdell d'enciam (enciam de sucre francès)
8 tirabecs
10 brots de fulles de canonges
julivert picat

La llimona és un tresor, un tresor groc amb un gran potencial culinari. Una llimona de qualitat ha de tenir força pes en relació amb la mida, cosa que indica que té més suc. Les de porus grans i pell gruixuda són adequades quan se'n vol aprofitar la pell. I és que la llimona és una fruita que s'aprofita de cap a peus. Polpa, pell, suc...Tot! A part de menjar-la sola o utilitzar-la com a substituta del vinagre, la llimona combina perfectament amb molts i molts aliments. Amb el suc s'amaneixen les amanides, se'n fan salses, rebosteria, confitures, begudes, es posa a la carn o les verdures o la carn perquè no es tornin negres, se'n fan licors, perfums o sabó per rentar el cos.

Informació nutricional: les llimones

• Contenen molta aigua, per tant, són saludables, ajuden a hidratar i a netejar el cos per dins, i és un aliment poc calòric, perfecte per a dietes per aprimar-se.

• Es poden conservar a temperatura ambient durant diverses setmanes. No s'aconsella guardar-les a la nevera perquè el fred excessiu en redueix el suc a la meitat.

• Redueixen el risc de patir malalties cardiovasculars.

• Aporten calci i són antioxidants. També aporten vitamina C, que afavoreix l'absorció de ferro dels aliments i potencia la resistència a les infeccions, i entre els minerals, destaca el potassi, necessari per a la transmissió de l'impuls nerviós i per a l'adequada activitat muscular, així com per a l'equilibri de l'interior del cos.

Procediment

1. Escaldeu els tirabecs en aigua bullint durant 2 minuts. Refredeu-los amb aigua i glaçons. **2.** En la mateixa cassola i amb la mateixa aigua, bulliu 2 minuts el cabdell d'enciam net, i reserveu-lo. **3.** Bateu el suc de llimona amb el rovell d'ou en un bol. **4.** Poseu un cassó amb aigua al foc i deixeu que s'escalfi sense que arribi a bullir però gairebé. Llavors introduïu-hi un altre cassó per fer al bany maria el suc de llimona i el rovell, i remeneu-ho amb una cullera fins que prengui textura de salsa. **5.** Afegiu-hi una punta de sucre per tal de disminuir l'acidesa i poseu-ho al punt de sal. Afegiu-hi molt julivert picat i els canonges picats. **6.** En una paella antiadherent feu les costelletes fins que siguin ben rosses. **7.** A la mateixa paella, per recuperar la glassa del xai, passeu-hi els tirabecs i l'enciam només un moment. **8.** A l'hora d'emplatar, poseu les verdures a la base, les costelletes al damunt i banyeu-ho amb la salsa de llimona i ou.

Llobarro al cava amb raïm

Ingredients *per persona*
preparació 10 minuts, cocció 10 minuts

1 suprema de llobarro d'uns 200 g
2 copes de cava semisec
10 g de raïm moscatell ben dolç
60 g de brots de soja frescos
2 alls tendres
20 g de mantega de bona qualitat

El llobarro, juntament amb l'orada, és una de les espècies més importants de la piscicultura dels països mediterranis. I és que es pot capturar en estat salvatge, només durant l'hivern, o es pot comprar de piscifactoria, que són els que normalment es troben al mercat durant tot l'any, d'una mida més petita i més homogènia. És peix boníssim, de carn blanca, compacta, amb poques espines i amb un gust fi, delicat... què més es pot demanar? Quatre trucs per cuinar-lo: s'ha de preparar de manera senzilla perquè mantingui el seu gust. Es pot coure al forn, al vapor, a la sal, a la paella, acompanyar-lo amb una salsa suau, aromatitzar-lo amb herbes... o amb cava.

Informació nutricional: els llobarros

- *És un peix amb molt pocs greixos que, a més, conté minerals tan importants com el ferro, que ajuda a transportar l'oxigen a la sang, el fòsfor, necessari per a l'activitat nerviosa i muscular, i el zinc.*
- *També conté vitamina B3, que intervé en el metabolisme dels hidrats de carboni, els lípids i les proteïnes.*
- *És un peix molt fàcil de digerir.*

Procediment

1. Primer de tot, una feina relaxant i mecànica que us permetrà posar els vostres pensaments en ordre: separeu els caps i les cues dels brots de soja... és com fer ioga. **2.** Un cop ho tingueu fet, traieu les capes verdes dels alls tendres, i talleu la part blanca tan fina com pugueu. **3.** En un cassó escalfeu una mica de mantega i daureu, lleugerament i a foc lent, els alls tendres. **4.** Afegiu-hi les cues dels brots de soja, i continueu daurant fins que el conjunt esdevingui molt moreno però sense cremar-se, que vol dir poca temperatura, vigilància i temps. **5.** Afegiu-hi les 2 copes de cava i deixeu reduir fins que obtingueu una textura semblant a la d'una melmelada. **6.** Passeu-ho tot pel colador a un altre cassó, prement les verdures per obtenir-ne tot el suc. **7.** Peleu el raïm (o no) i traieu la llavor del centre. **8.** En una paella antiadherent, feu el peix a la planxa i reserveu-lo. **9.** A la mateixa paella, que té el sabor del llobarro, desfeu-hi una mica de mantega. Salteu-hi els caps dels brots de soja i, un moment abans de retirar-ho del foc, afegiu-hi el raïm. **10.** Per emplatar-ho, poseu el peix al centre del plat i una muntanyeta de raïm i soja a sobre. Aboqueu a la paella la reducció de cava, poseu-la al punt de sal i salseu el conjunt. L'operació d'emplatar s'ha de fer ràpidament per evitar que el peix es refredi.

Els vins per cuinar han de ser per natura els que no volem per beure o els barats?

No, no, no. Hi ha qui actua amb aquest plantejament. Però una reducció de vi acostuma a fer-se per dues raons: la primera, extreure-li l'alcohol; la segona, per la concentració d'aromes que en sorgeix com a efecte de l'evaporació de l'aigua. Així doncs, si creiem que un vi té la seva personalitat i ens en volem aprofitar perquè participi en una concepció aromàtica més complerta (que és el que cal pensar quan s'està creant un plat), és ridícul creure que no es pot emprar un bon vi, ben al contrari.

Puré de cigrons i vedella

Ingredients *per a 2 persones*
preparació 10 minuts, cocció 10 minuts

2 bistecs de vedella d'uns 100 g no gaire amples
80 g de cigrons bullits
1 iogurt natural
1 pot petit de curri de Madràs
1 cullerada de pasta de sèsam (*tahina*)
1 gra d'all
1 grapat de créixens

Com que el món se'ns ha fet petit, hem pogut descobrir aliments que fins ara ens eren desconeguts. Un exemple és la gran quantitat d'espècies que vénen d'Orient i que cada vegada posem més als nostres plats, com el curri. Aquesta espècie combina perfectament amb ingredients tant de la cuina oriental com de la nostra cuina. Es pot utilitzar amb aus, carns vermelles, peixos, llegums, cereals, verdures, cus cús... Mengeu el que mengeu, el curri donarà als plats un gust especial: aromàtic, refinat, intens...

Què és l'hummus?
L'hummus és un plat típic de la cuina libanesa. Es tracta d'una mena de puré fet amb cigrons, all, julivert, sal, llimona i pasta de tahina. *Es pot menjar sol o bé acompanyat d'un pa àrab (*pita*) calent. És molt saborós i altament nutritiu.*

Procediment

1. En un cassó petit, escalfeu el 1/2 iogurt amb la cullerada de *tahina*, fins que arrenqui a bullir. Incorporeu-hi els cigrons i retireu-ho del foc. **2.** Tritureu-ho amb la batedora elèctrica fins a aconseguir un puré de textura ferma. **3.** Poseu-hi 1/2 culleradeta de curri i 1/2 gra d'all prèviament picat i acabeu de triturar. **4.** Talleu els bistecs de vedella en talls petits. **5.** Talleu l'altre 1/2 gra d'all en làmines fines. **6.** En una paella ben calenta poseu una mica d'oli i salteu la carn a foc viu, prèviament salpebrada. **7.** Quan comenci a daurar-se, afegiu-hi l'all en làmines i 1/2 culleradeta de curri, i continueu-ho saltant fins que l'all sigui ros. **8.** Separeu els créixens de les tiges, netegeu-los i reserveu-los. **9.** A l'hora d'emplatar: feu una petita muntanya de puré al mig del plat i obriu un cràter de volcà al centre ajudats per una cullera. **10.** Poseu la vedella en aquest espai i, al damunt, els créixens, que amb l'escalfor de tot plegat tindran prou temperatura per coure's. De tota manera, és interessant copsar el joc de textures entre el cruixent de les fulles i la untuositat del puré.

Informació nutricional: el curri

- *Es tracta d'una barreja d'espècies naturals, sense additius de cap mena.*
- *En funció de la barreja d'espècies que contingui, té unes propietats o unes altres.*
- *Menjar curri va molt bé per estimular la digestió.*
- *Ajuda a prevenir malalties cardiovasculars.*

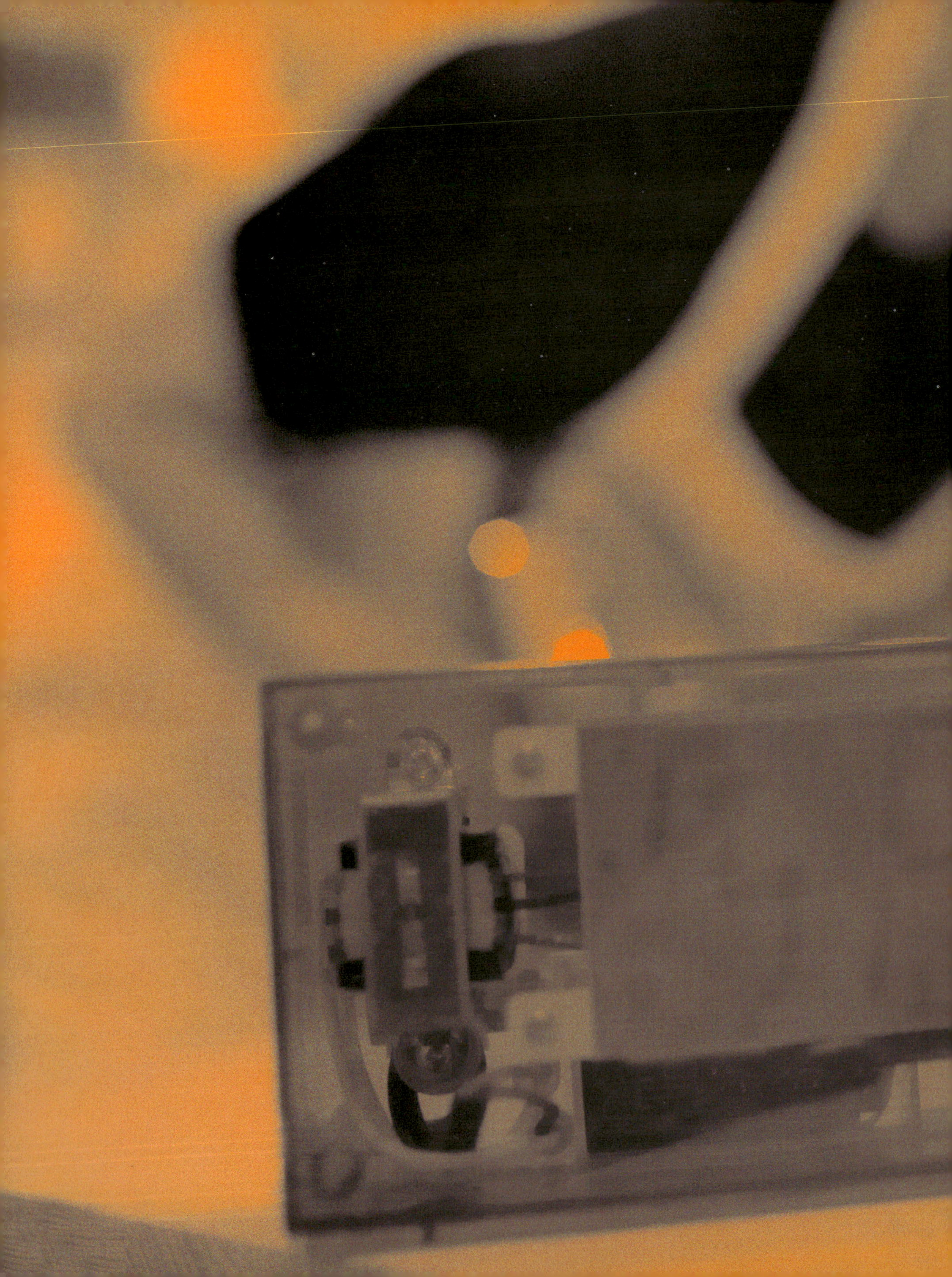

De 30 minuts a 1 hora

Tomàquet de Montserrat amb *mousse* d'anxoves

Ingredients *per a 4 persones*
preparació 45 minuts

1 pot petit d'anxoves sense dessalar ni netejar
4 tomàquets de Montserrat d'uns 200 g cadascun
400 cc de nata sense muntar amb un 35 % de matèria grassa
1 manat de cibulet
1 pot petit de *gelée* de cireres (n'hi ha als súpers; si no en trobeu, feu servir confitura de cireres)
1/2 fulla de gelatina, també coneguda com *cua de peix*
oli de gira-sol
1 llimona

El que té de bo visitar un hort és que s'aprèn que els tomàquets no neixen a les càmeres frigorífiques sinó a les tomaqueres. De menes de tomàquets, n'hi ha per donar i per vendre, tantes com maneres de dir-ne: *tomàquet, tomata, tomaca, tomàtiga* o *tomàtic*. D'entre tots els tomàquets, el de Montserrat és un dels més saborosos, dolços i carnosos. Va fantàsticament bé per fer amanides i per farcir, però no us esforceu a fer-lo servir per sucar el pa ni per fer un sofregit. Per a això ja hi ha altres menes de tomàquets.

Informació nutricional: el tomàquet

- *Conté vitamines A, C i E, àcid fòlic i també minerals, d'entre els quals destaca el potassi, que té una acció diürètica i depurativa.*
- *Ajuda a reduir la inflamació del fetge.*
- *És gairebé tot aigua, per això 100 grams de tomàquet només aporten 14 calories.*

Procediment

1. Dessaleu 8 anxoves submergint-les durant 8-10 minuts en aigua freda. **2.** Escaldeu els tomàquets sencers en aigua bullint, uns 8 segons, i immediatament passeu-los a un bol d'aigua amb glaçons. **3.** Peleu cada tomàquet i talleune la part del peduncle, fent-li un tall pla que converteixi el tomàquet en un sarcòfag obert per dalt. **4.** Buideu-los per aconseguir una cavitat neta per farcir. Reserveu-los. **5.** Traieu les espines a les anxoves i, quan tingueu els filets nets (16 en total), torneu-los a marinar, però aquest cop amb la crema de llet, uns 20 minuts. **6.** Mentrestant, talleu grosserament el cibulet i fiqueu-lo al got de la trituradora; cobriu-lo amb l'oli de gira-sol, i tritureu-ho fins que aconseguiu una pasta verda homogènia. **7.** Passeu aquesta pasta per un colador molt fi i reserveu a la nevera l'oli que en surti perquè agafi consistència. **8.** Escalfeu la confitura de cireres en un cassó al foc. **9.** Poseu la 1/2 fulla de gelatina en aigua freda i quan tingui la textura d'una medusa, poseu-la al cassó de les cireres. **10.** Passeu el contingut del cassó a un bol, i aquest bol, dins del bol amb aigua i glaçons on heu refredat els tomàquets. La gelatina actua sempre en temperatures fredes. **11.** Poseu els tomàquets en una safata, i aboqueu un dit de gelatina de cireres al fons de cada tomàquet. Conserveu-ho a la nevera fins que la gelatina sigui ferma, que serà 1 hora després. **12.** Per muntar la *mousse*: assequeu les anxoves amb paper de cuina i piqueu-les tan petites com pugueu. **13.** Munteu la nata amb la batedora després d'haver-la colat per evitar les impureses. En aquest moment també podeu posar-hi uns ous d'arengada, una ceba tendra picadíssima, unes cireres àcides esmicolades, etc., tot el que us vingui de gust però que no destrossi la textura de la nata. **14.** Amalgameu tots els ingredients de la *mousse*, mirant de mantenir la textura de la nata muntada. **15.** A l'hora d'emplatar-ho, poseu els tomàquets de la nevera en un plat. Aboqueu un cordillet d'oli de cibulet al damunt de la gelatina de cireres que hi ha al fons del tomàquet. Ompliu amb la *mousse* una màniga pastissera o, si no en teniu, una bossa de plàstic transparent amb una cantonada tallada. Farciu els tomàquets amb la *mousse*, i dibuixeu-hi un altre cordill d'oli de cibulet per decorar.

Arròs de perdiu

Ingredients *per a 2 persones*
preparació 10 minuts, cocció 25 minuts

1 perdiu (demaneu-la a trossos: les cuixes, els pits, i el fetge, i la carcanada a trossets petits)
500 cc de caldo d'au
150 g d'arròs
1 pebrot vermell
1 pebrot verd
60 g de sofregit de ceba i tomàquet, o el resultat de sofregir 1 ceba mitjana i 3 tomàquets sense llavors ni pell

I PER A LA PICADA

1 gra d'all
el fetge de la perdiu
1/2 copeta de brandy
2 avellanes
1 brot de romaní fresc

Per "caçar" una perdiu, no cal llevar-se d'hora, ni carregar l'escopeta, ni passar fred al bosc. Només cal anar a plaça, on trobareu perdius de granja, que són més barates, i perdius de caça, només d'octubre a febrer. Les espècies més comunes de perdius són la vermella o roja i la grisa, també coneguda a Catalunya com *perdiu xerra*. I les perdius petites que no tenen ni un any s'anomenen *perdigons*.

Procediment

1. En un cassó ample d'acer inoxidable daureu els trossos de la carcanada fins que estiguin completament rostits, i mulleu-los amb el caldo d'au. Deixeu-ho bullir a foc suau durant 30 minuts. **2.** Talleu els pebrots en dauets. Piqueu l'all i talleu el fetge en bocins petits. **3.** Preescalfeu el forn a 180 °C. **4.** En una paella que pugui anar al forn, daureu les cuixes de la perdiu fins que siguin ben rosses. **5.** Afegiu-hi els pebrots i daureu-los durant 1 minut. **6.** Afegiu-hi el sofregit i, acte seguit, l'arròs. Enrossiu-lo lleugerament i reserveu-lo. **7.** Per fer la picada, poseu una paella petita al foc i daureu-hi l'all amb una mica d'oli. Afegiu-hi el fetge de la perdiu, salpebreu-ho i deixeu que es dauri. Flamegeu-ho amb el *brandy* i deixeu-ho reduir. Tritureu a la trituradora el contingut de la paella amb les fulles de romaní, les avellanes i una mica del caldo fins que quedi una crema uniforme. **8**. Fumeu-li canya a l'arròs i al caldo: mulleu l'arròs amb el caldo, afegiu-hi la picada i controleu-ne el punt de sal. Moveu-ho bé, poseu-hi els pits (que tenen un punt de cocció força més curt que les cuixes) a sobre amb la pell mirant amunt, i fiqueu-ho al forn uns 10 o 12 minuts. **9.** Passat aquest temps, traieu-ho i tapeu-ho perquè s'acabi de coure l'arròs. **10.** Al cap de 5 minuts ja podreu gaudir d'aquest arròs. Emplateu i disfruteu-lo.

Informació nutricional: la perdiu

- *Aporta proteïna d'alt valor biològic i és poc greixosa, molt bona per a persones obeses o amb problemes cardíacs. Només aporta 106 calories cada 100 grams.*
- *Conté ferro, calci, magnesi, fòsfor i molta vitamina del grup B.*
- *El valor nutricional d'aquests animalons varia molt segons l'edat, si és de granja o de caça, etc.*

Cresta de figues

Ingredients *per a 4 persones*
preparació 10 minuts, cocció 25 minuts

1 làmina de pasta de full
1 full de paper parafinat (moltes pastes de full que venen a les zones de refrigerats dels supermercats ja el porten)
1 kg de figues en el punt òptim de maduració
mantega de qualitat
1 copeta de porto
1 ou
100 g de sucre glas

Podria dir-se que la segona fruita més antiga del món, després de la poma, és la figa. Així doncs, no és estrany que Homer, a *L'Odissea*, ja parlés de les seves propietats nutricionals. Hi ha dos tipus de figueres: les comunes, o uníferes, que donen una collita a l'any, i les brevals, que en donen dues. Les figues de la primera collita són les figaflors. Algun secret per triar una bona figa? Que no siguin ni massa dures ni massa toves, que la tija estigui ben unida al fruit i que no desprenguin una olor àcida. Però, compte!, no s'han de rebutjar els exemplars llisos amb fissures a la superfície, senyal d'un punt de maduresa òptim per preparar unes postres per llepar-se'n els dits!

Com es fa el sucre glas?
Del sucre glas se'n diu també sucre en pols. Podem fer-lo nosaltres mateixos amb el sucre blanc refinat convencional. Poseu 100 g de sucre al got de la batedora amb les fulles tallants al fons, i tritureu-ho a velocitat alta i amb pulsacions curtes i repetides. Quan us sembli que està prou mòlt, passeu-ho per un colador fi que estigui ben sec. I ja el teniu.

Informació nutricional: les figues

- *Són la fruita més rica en calci. També aporten magnesi i potassi, i els científics, que ho investiguen tot, també diuen que són laxants i regeneradores de l'organisme.*
- *Són energètiques perquè contenen glucosa, sacarosa i fructosa, i en podeu menjar tantes vegades com vulgueu, sempre que no sigueu diabètics o tingueu problemes de pes, és clar!*
- *Les figues s'aconsellen en casos de debilitat i astènia, convalescència, esforç físic, estrès mental i com a prevenció contra el càncer.*

Procediment

1. Peleu les figues tenint cura de treure tota la pell blanca que les embolcalla. **2.** Trossegeu-les i poseu-les en una cassola amb una mica de mantega i 100 g de sucre glas. **3.** Deixeu-les que es coguin a foc lent i, quan hagin perdut l'aigua, afegiu-hi el porto i deixeu-ho reduir fins que tingui textura de confitura. **4.** Preescalfeu el forn a 180 °C. **5.** Estireu la làmina de pasta de full sobre el paper parafinat i col·loqueu-ho a la safata del forn. Poseu la confitura al mig. **6.** Doblegueu el full pel mig com si volguéssiu fer una cresta, pinteu-ho pel damunt amb el rovell d'ou batut i fornegeu uns 8 minuts.

Barquetes de sèsam salades

Ingredients *per a 1/2 kg de massa*
preparació 15 minuts, cocció 15 minuts,
repòs 2 hores

190 g de mantega de bona qualitat
100 g de formatge parmesà ratllat
60 g de llavors de sèsam
250 g de farina
5 g de llevat en pols

El sèsam és fantàstic per a l'organisme i per a la memòria, i té moltes possibilitats a la cuina. També se'n diu *ajonjolí* o *alegria*, perquè tradicionalment s'utilitzava per fer pujar els ànims a les persones tristes i amb tendència a deprimir-se. D'aquestes llavors d'aparença insignificant se'n treu... l'oli de sèsam! El millor, com sempre, és el de primera premsada. Però s'oxida fàcilment, així que us recomano que en compreu ampolles petites i que les guardeu en un armari on no hi entri llum. Aquest oli se'l considera la *crème de la crème* dels olis pel seu sabor i les seves propietats nutritives.

Informació nutricional: el sèsam

- *És una font excel·lent de calci i aporta vitamines E i B.*
- *Ajuda a reduir el colesterol dolent perquè té lecitina: molta més que la soja!*
- *En la medicina xinesa, el sèsam s'utilitza per lubricar el cor, el fetge, els ronyons, el pàncrees i els pulmons.*
- *Com que contenen fosfolípids i lecitina, les llavors de sèsam van bé per a la memòria cerebral.*
- *Ajuda a millorar la rigidesa de les articulacions. I com que a més de calci conté ferro és recomanable per a la dieta de les dones embarassades i de les persones anèmiques.*

Procediment

1. Tempereu la mantega al microones durant 45 segons a 350 W. Heu d'aconseguir que tingui textura de pomada. **2.** Barregeu la farina amb el llevat (millor que els tamiseu abans de barrejar-los amb un colador ben sec perquè no facin grumolls). **3.** Mescleu, amb una llengua pastissera i dins d'un bol gran de vidre, la mantega amb el formatge, les llavors de sèsam i un polsim de sal. **4.** Aneu incorporant al bol la barreja de farina i llevat a poc a poc, deixant que l'absorbeixi abans d'afegir-ne més. **5.** Un cop hagueu incorporat tota la farina, heu de comprovar que la massa se separi de les parets del bol i que sigui homogènia i no trencadissa. **6.** Enfarineu lleugerament una superfície per tal de fer un cilindre d'uns 3 cm de gruix amb la massa. Talleu-lo en tres seccions i filmeu-les, fixant els extrems del film entre els dits i fent rodolar el cilindre fins que la mateixa tensió del film li doni una forma perfecta. Reserveu durant 2 hores a la nevera. **7**. Tempereu el forn a 170 ºC i, un cop tingueu totes les barquetes col·locades a la plata, fornegeu-les fins que agafin un color daurat. El temps dependrà del gruix de les barquetes però, generalment, oscil·la entre 10 i 15 minuts.

Per què preparem la massa en cilindres?
És un exercici de previsió. Normalment, el que hauríem fet és guardar el bol de la massa a la nevera tapat amb un drap perquè reposés. En aquest cas, el que hem fet és construir aquests cilindres per facilitar, d'una banda, la conservació en racions al congelador i, d'una altra, el fornejat. Temperarem la massa al congelador i llavors la tallarem en llesques finetes, amb el mateix ganivet, per fornejar-les directament amb aquesta forma rodona de "10 duros de Franco".
Si la vostra plata del forn no és antiadherent, compreu un rotllo de paper d'estrassa per fornejar: evita que s'enganxi la massa i ens estalvia d'enfarinar les plates.

Timbals de carbassó amb fetge de rap

Ingredients *per a 2 persones*
preparació 25 minuts, cocció 25 minuts

1 cueta de rap d'uns 250 g (demaneu al peixater que us en tregui les 2 penques i reserveu l'espina al congelador per al dia que feu fumet de peix)
4 carbassons de mida mitjana, ferms
1 fetge de rap d'uns 200 g
2 llesques de pa del dia abans
6 avellanes torrades
1 cc de salsa de soja
1 cc de romesco Feliu Badaló
oli d'oliva

I PER A LA PICADA

1 cc de pebre vermell mòlt
1 cc de formatge ratllat
farina de galeta
1 gra d'all picat
julivert picat

El rap és un animal força lleig. La seva carn, però, és gustosa i fina, ideal per a tots els que ens agrada el bon peix. Té dues virtuts importants. La primera: és un dels peixos més sans que podem trobar. La segona: és bo i tot un plaer per al paladar... Entre les varietats de rap hi ha el de panxa fosca i grisenca, que és molt més fi de sabor, i el negre, que és molt apreciat i té la reputació de ser el més exquisit de tots. Totes les parts del rap són bones, però n'hi ha una d'especialment sana, tendra i gustosa: el fetge.

Procediment

1. Talleu sis seccions de carbassó de la mida aproximada d'un got de xarrup. Amb cura, buideu-los de la polpa fins a aconseguir la forma, justament, de got de xarrup. **2.** Talleu finetes les parts restants de carbassó que us han sobrat. Us serviran per al farciment. **3.** Poseu els timbals de carbassó en un recipient per coure al microones i poseu-hi un dit d'aigua o de caldo de verdures al fons. Filmeu el conjunt i feu uns foradets al film perquè es pugui evaporar l'excés d'aigua. Programeu el microones a 400 W durant 4 minuts. Reserveu-ho. **4.** Talleu el fetge de rap en daus grossos i salpebreu. **5.** En una cassola antiadherent daureu a foc viu el fetge. Quan comenci a desfer-se, afegiu-hi la carn del carbassó i deixeu que el conjunt cogui a foc mig fins que s'hagi begut l'aigua que segrega el carbassó. **6.** Saleu-ho i afegiu-hi les 2 llesques de pa tot esmicolant-les amb la mà. **7.** Poseu-ho tot dins l'accessori triturador, afegiu-hi les avellanes torrades fins a aconseguir una textura com la del farcit dels canelons. **8.** Ompliu els timbals i, just abans de menjar, poseu-los una mica de picada al damunt i gratineu-ho. **9.** Mentrestant, feu les 2 penques de rap a la planxa. **10.** Barregeu la salsa de soja, el romesco i una mica d'oli d'oliva per salsar el rap, si voleu.

Informació nutricional: el fetge de rap

- *És bo per prevenir les malalties cardiovasculars i és molt digestiu. És ric en sodi i potassi.*
- *Les vitamines A, D i E estan concentrades en el fetge de rap.*
- *Conté àcids grassos poliinstaurats, perfectes per atacar el colesterol dolent. A més, té dos aminoàcids essencials: un d'ells és la lisina, necessària perquè els nens creixin, i l'altre és el triptòfan, que es veu que és molt bo per a la sang.*

FORNS

Panellets morenos

Ingredients *per a 650 g de panellets*
preparació 25 minuts, cocció 10 minuts

250 g de farina d'ametlla
250 g de sucre
3 ous
16 llavors de cardamom verd
200 g de xocolata amb un 70-74 % de cacau
50 g de mantega de bona qualitat
100 cc d'aigua

Els panellets estan reconeguts per la Unió Europea com ETG (especialitat tradicional garantida). Però aquest reconeixement només el reben si el massapà amb què s'elaboren està fet amb ametlles seques pelades, sucre i ous, i si no s'hi afegeix cap mena de fècula, ni pomes, ni colorants i conservants artificials. Hi ha tres tipus de massapans: el massapà base, amb molta ametlla; el massapà bast, amb menys ametlles, i el massapà fi, amb molta ametlla, crémor tàrtar i glucosa. Sigui com sigui, el secret de tot plegat són aquells tres ingredients. Ah! I la santa paciència, un ingredient imprescindible a l'hora de cuinar.

Informació nutricional: el massapà

- *Com que conté tres ingredients tan fantàstics com l'ametlla, els ous i el sucre, té força nutrients: l'ametlla és una font excel·lent de vitamina E i aporta una proteïna molt útil per a les dietes vegetarianes; el sucre aporta molta glucosa i fructosa, i els ous aporten proteïna d'alt valor biològic.*
- *És un producte ensucrat d'absorció lenta, a causa de les ametlles, i també d'absorció ràpida, pel sucre.*
- *La vitamina E i la tiamina que contenen les ametlles es destrueixen si es torren.*
- *És bo no menjar més de quatre ous a la setmana, sigui de manera directa o a través de productes elaborats.*

Procediment

1. Feu una pasta amb la farina d'ametlles, el sucre i l'aigua. **2.** Afegiu-hi els ous batuts, a poc a poc, fins que aconseguiu una massa flexible però consistent. **3.** Feu-ne boles d'uns 30 g i poseu-les en una safata per anar al forn. **4.** Fornegeu-les a 200 °C uns 6 o 7 minuts. **5.** Deixeu que es refredin i fiqueu-les a la nevera, filmades o tapades, lògicament, fins que estiguin fredes del tot. **6.** Poseu la xocolata i la mantega al microones 2 minuts a 150 W, fins que s'hagin desfet i tingueu una crema lluent de xocolata. **7.** Traieu les llavors de cardamom de les beines i trenqueu-les al morter sense arribar a moldre-les del tot. Aboqueu-les a la cobertura de xocolata. **8.** Ara, la mare dels ous: amb la cobertura de xocolata encara tèbia, passeu-hi tots els panellets, donant-los una volta, fins que el fred de la bola compacti la xocolata al seu voltant. Passeu els panellets a una safata freda o a una reixa. **9.** Claveu un cristall gran de sal Maldon al damunt de cada panellet i, si voleu, un polsim de cacau en pols. Són uns panellets en què contrasten la dolçor de la massa amb l'amargor de la xocolata i l'aroma refrescant del cardamom.

Calamars farcits de botifarra del perol

Ingredients *per a 2 persones*
preparació 20 minuts, cocció 45 minuts + sofregit

8 calamarsets de mida mitjana (demaneu-los nets, amb la bossa separada de les potes, la cocotxa i les aletes)
1 botifarra del perol d'uns 250 g
1 pot petit de pasta de romesco (n'hi ha als súpers i acostuma a ser d'una qualitat acceptable)
2 patates grosses fetes al caliu
1/2 l de fumet de peix
2 cebes de Figueres
4 grans de pebre verd, però no sec: compreu-lo en conserva

A la peixateria podem trobar cefalòpodes, o el que és el mateix, calamars, de mides diferents, només hem de triar-los segons l'ús que en vulguem fer. I quines serien les característiques d'un calamar "míster Univers"? Doncs la pell brillant i blanquinosa, no rosada. A l'hora de cuinar-lo, no cal treure-li la pell i s'ha de vigilar amb les racions perquè encongeix molt. Del calamar se'n pot aprofitar sobretot el cos, o bossa; les potes, o tentacles, fins i tot les llargues, que són més sonses, i les aletes. La tinta del calamar crua és tòxica, però si la cuineu perdrà tot el perill i en fareu un ingredient delicat i especial.

Per què fem servir el molinet del pebre?
És ben senzill. El pebre del molinet (tant si és negre com verd) és en gra; el gra autèntic. Quan vulgueu condimentar un plat amb pebre, només heu d'agafar el molinet, fer li fer dues voltes i aconseguireu un magnífic pebre en pols fet al moment i molt més gustós que no té res a veure amb els pots de pebre en pols que hi ha al supermercat. Aquest és més bo i autèntic; un condiment indispensable que cal tenir sempre a la cuina.

Procediment

1. Piqueu la ceba. **2.** Fregiu els grans de pebre verd amb una mica d'oli d'oliva en una cassola. Afegiu-hi la ceba i sofregiu-la. **3.** Talleu les potes, les aletes i les cocotxes en trossos petits. **4.** En una paella a part i a foc viu salteu aquests talls de calamar ben salpebrats i, quan hagin deixat anar l'aigua, aneu-los incorporant a la cassola on hi ha la ceba. Un cop els tingueu tots a dins, deixeu-los coure a foc lent fins que el calamar sigui tou. **5.** Traieu la pelleringa a la botifarra i esmicoleu-la amb les mans. Afegiu-la a la cassola quan els calamars estiguin tendres. **6.** Poseu-ho al punt de sal i quan tot estigui ben amalgamat, traieu-ho del foc i espereu que es refredi. Ompliu les beines dels calamars amb la barreja de la botifarra i "cosiu-les" amb un escuradents perquè la contracció que patiran els calamars durant la cocció no els buidi per pressió directa. **7.** Poseu el fumet de peix en un cassó, saleu-lo al punt i afegiu-hi un parell de cullerades de pasta de romesco. Escalfeu-ho lentament de cara a bullir-ho. **8.** Coeu els calamars en el fumet amb romesco, a foc lent i en un temps que dependrà de la mida del calamar però que, en qualsevol cas, oscil·la entre 20 i 40 minuts. **9.** Talleu les patates, amb pell i tot, en discos d'aproximadament 1 cm de gruix. Al final heu de tenir tants discos de patata com calamars farcits. **10.** Daureu els discos a la planxa o en una paella antiadherent, amb una mica de sal i pebre. **11.** Poseu els discos a la base del plat i al damunt de cadascun, un calamar (sense l'escuradents, que us veig...). **12.** Agafeu una petita quantitat del suc de cocció dels calamars i acabeu de donar-hi textura de salsa a base d'incorporar-li pasta de romesco. Un cop la tingueu al punt que la voleu, salseu els calamars i les patates. Si voleu donar-hi una nota de color, poseu una mica de cibulet picat.

Tatin de mango

Ingredients *per a 6 persones o per menjar-ne 3 o 4 dies*
preparació 10 minuts, cocció 50 minuts

1,5 kg de mangos que siguin ben ferms
2 làmines de pasta de full
120 g de mantega de bona qualitat
200 g de sucre en pols

I PER A LA SALSA

200 ml de crema amb un 35 % de matèria grassa, especial per muntar
fulles de menta

El mango és una fruita tropical grossa i molt perfumada. I és tropical de les de debò perquè es produeix a tots els països dels tròpics: l'Amèrica Llatina, l'Amèrica Central, Àsia i Àfrica. I, sobretot, a l'Índia. El lloc d'on prové determina l'aspecte del mango: els indis tenen la pell vermellosa, són dolços i tenen un fort sabor a trementina; els indoxinesos i filipins també són dolços, no tenen fibres i la pell és verda i groguenca, i els de Florida tenen la pell vermella i són molt resistents al transport.

Procediment

1. Peleu els mangos i talleu-los en meitats longitudinals. Torneu a tallar aquestes meitats per la part ampla i reserveu-les. **2.** Preescalfeu el forn a 175 °C. **3.** Caramelitzeu el sucre en un cassó. Deixeu que es refredi una mica i incorporeu-hi la mantega. Barregeu-ho bé. **4.** Aboqueu el caramel en el fons del motlle, que hauria de ser d'uns 25 cm de diàmetre. **5.** Poseu els talls de mango al damunt, omplint tota la superfície, sense espais buits. **6.** Fornegeu-los durant 40 minuts, fins que el mango sigui ben tendre. **7.** Traieu el paper d'estrassa que recobreix les làmines de pasta de full, pinteu-les amb una mica de rovell batut, i enganxeu-les una al damunt de l'altra. **8.** Talleu un disc de pasta de full del mateix diàmetre del motlle. **9.** Col·loqueu la pasta de full al damunt de la fruita, poseu-hi un plat pla al damunt i fornegeu-ho durant 10 minuts. **10.** Traieu el plat per permetre que el full pugi una mica i continueu fornejant-ho 10 minuts més. **11.** Quan el full sigui daurat, traieu la *tatin* del forn i deixeu-la refredar. **12.** Un cop freda, feu-la reposar almenys 10 hores al frigorífic. **13.** Per fer la salsa, bulliu en un cassó la crema de llet. Afegiu-hi les fulles de menta i deixeu-ho refredar sense treure'n la menta. Passeu-ho per la trituradora, després pel colador i munteu la salsa una mica, només fins que comenci a estar esponjosa. És un acompanyament de primera per a la *tatin*.

Informació nutricional: el mango

- *Té un alt valor calòric i energètic: va molt bé per a esportistes i en situacions d'estrès. També aporta molta aigua i hidrats de carboni.*
- *A més de contenir àcid fòlic, 200 grams de polpa contenen la quantitat diària recomanada de vitamines A i C d'una persona adulta.*
- *Si preneu diürètics, aquesta fruita us ajudarà a recuperar el potassi que perdeu.*
- *El mango combat l'excés d'acidesa del cos i les males digestions.*
- *És un antioxidant natural.*
- *Atenció: Conté força potassi, les persones amb insuficiència renal, doncs, han d'anar amb compte amb aquesta fruita.*

Confit de conill al romaní amb favetes i rovellons

Ingredients *per a 2 persones*
preparació 10 minuts, cocció 40 minuts

1/2 conill de la part del darrere, separat en els dos quarts de cuixa
100 g de rovellons frescos
1 llauna de favetes fregides en oli d'oliva
1 l d'oli d'oliva de 0,4º d'acidesa
3 grans d'all
3 branques de romaní fresc
pebre negre en gra i mòlt
1 fulla de llorer
1 pessic petit d'herbes de la Provença
la pell de 1/2 taronja

De conills, n'hi ha de dos tipus: el de muntanya i el de granja. El de muntanya és més petit, té la pell de color fosc i s'alimenta del que troba al camp. El de granja és més gros, la carn és més pàl·lida i s'alimenta de pinsos, fibres, alfals i tot allò que li dóna el granger. Del conill es pot aprofitar tot, exceptuant-ne les vísceres, que és on es concentren els greixos.
Es tracta d'una carn molt aromàtica i sobretot sana. Tot un regal per al nostre organisme!

Dades nutricionals: el conill
• És ric en vitamina B, indispensable per al treball muscular, i en vitamina E, que és antioxidant. També és una bona font de fòsfor i calci.
• És una de les carns amb menys greix i més proteïna que hi ha al mercat. A més, té greixos poliinsaturats, perfectes per atacar el colesterol dolent o la hipertensió.

Procediment

1. Escalfeu el forn a 85 ºC i prepareu una plata fonda on hi hagi espai per al conill i per cobrir-lo d'oli. **2.** Daureu un gra d'all en una paella amb una mica d'oli d'oliva. **3.** Salpebreu el conill i marqueu-lo a la paella amb una mica d'oli fins que sigui ros. **4.** Passeu-ho tot a la plata fonda i cobriu-ho amb oli d'oliva fred. Afegiu-hi el llorer, les herbes de Provença, els grans de pebre i d'all, la pell de taronja i les branques de romaní, però en reservem algunes fulles per aromatitzar els bolets. **5.** Introduïu-ho al forn durant unes 3 hores per tal de confitar-ho. **6.** Mentrestant, netegeu els rovellons per treure'ls la terra que puguin portar, i talleu-los en quarts radials. **7.** Escorreu les favetes en un colador al damunt d'un bol. **8.** Piqueu les fulles de romaní. **9.** Mulleu una paella amb una mica de l'oli per confitar el conill i salteu els rovellons a foc viu. Quan comencin a deixar anar aigua, tapeu la paella i deixeu-ho coure a foc lent uns 2 minuts. **10.** Afegiu les favetes a la paella. Els que sigueu més integristes en la forma de fer dels Països Catalans, podeu posar uns dauets de botifarra d'ou o negra de faves, o un tall de cansalada viada en el mateix confit del conill... (en aquest darrer cas, tingueu present que la cansalada s'ha de marinar la vigília amb sal i que triga més a confitar-se).

Pebrots verds farcits de brandada de bacallà

Ingredients *per a 2 persones*
preparació 35 minuts, cocció 10 minuts

150 g de bacallà esqueixat, remullat i al punt de sal
100 cc de crema de llet amb un 35 % de matèria grassa
1 patata mitjana bullida o 50 g de puré de patates deshidratat
6 pebrots verds mitjans
150 cl d'oli d'oliva
oli de gira-sol
2 grans d'all
2 ous

Un gairebé se sent desbordat per la quantitat de formes, derivats i productes que pot donar el bacallà. Un exemple: per si no ho sabíeu, les gules del nord es fan amb una varietat de bacallà. El llom, o morro, protagonista en plats com el bacallà a la llauna, és la part més noble d'aquest peix. També hi ha la ventresca, o penca, més barata però més gelatinosa. A la bacallaneria es pot comprar el tall salat o dessalat, com més convingui. Amb el bacallà es prepara gairebé de tot, des de croquetes o bunyols fins a brandada.

Podem minimitzar els perills per graponeria a l'hora de manipular coses delicades?
Hem arribat al punt en què l'èxit de l'exercici està absolutament en joc. Actuant amb consciència del procediment i visualitzant el moviment amb la mateixa pulcritud amb què un golfista dibuixa mentalment la trajectòria de la bola, aconseguirem reduir els riscos.
Tallem la cua del pebrot ara que està tendre. El posem a la mà com qui aguanta un cucurutxo. Amb moviment ferm i suau de la mà dreta, introduïm la boca de la màniga en el "cucuverd". Mantenim la calma per associar un tercer moviment: exercir una lleu pressió a la panxa de la màniga per omplir el pebrot. El tanquem per la boca mirant de no rebentar el pebrot. Ara que té la consistència adequada, el pelem sense por de foradar-lo.

Procediment

1. Infusioneu l'oli amb els alls: fiqueu-los en un receptacle ceràmic o de vidre. Filmeu el recipient, feu uns foradets al film i poseu-lo al microones a 160 W de potència durant uns 15 minuts. **2.** Cobriu el bacallà esqueixat amb la crema de llet necessària i arrenqueu a bullir-ho tot molt lentament. **3.** Afegiu-hi la patata o els floquets de puré deshidratat, i tritureu-ho tot en calent amb l'ajut d'una trituradora. Reserveu-ho. **4.** Deixeu que es refredi una mica l'oli del microones i després, amb la trituradora, munteu la base de bacallà amb l'oli com si es tractés d'una maionesa o d'un allioli. **5.** Deixeu que es temperi i introduïu la brandada en una màniga pastissera. Refrigereu-ho. **6.** Fregiu els pebrots sencers en oli de gira-sol i disposeu-los al damunt d'un paper absorbent. **7.** Quan siguin freds, talleu la cua dels pebrots. Agafeu cadascun dels pebrots amb la mà com qui agafa un cucurutxo. Introduïu la boca de la màniga pastissera en el pebrot i ompliu-lo. Tanqueu-lo per la boca mirant de no rebentar-lo. Ara que té la consistència adequada, peleu-lo sense por de foradar-lo. Per mi, la millor manera d'acompanyar aquests pebrots és combinar-los amb els seus camarades els ous. Acompanyar un parell de pebrots amb un parell d'ous potser és políticament incorrecte, o pretesament sexista, però un parell d'ous ferrats amb aquests pebrots fan entrar una gana que m'alça.

Informació nutricional: el bacallà

- *Té molta vitamina B12, una vitamina que només trobem en aliments d'origen animal, i és molt poc greixós.*
- *Les vitamines D i A que conté el bacallà gairebé no es modifiquen en el procés de salaó i dessecació.*
- *A ciutat s'ha de deixar el bacallà més temps en remull perquè l'aigua té més minerals.*
- *Atenció: El bacallà salat està desaconsellat en persones hipertenses.*

Pa de carbassó

Ingredients *per a 1 pa de 900 g*
preparació 5 minuts, cocció 50-55 minuts

Informació nutricional: el pa

- *Conté hidrats de carboni (midó) i proteïna, molt importants per al manteniment de l'energia diària, sobretot en els nens.*
- *També aporta fibra, sobretot el pa integral, vitamina B i minerals: calci, fòsfor, potassi i ferro.*
- *El pa blanc i el pa integral aporten les mateixes calories, però l'integral és més nutritiu.*
- *I el pa torrat té més calories que el pa tendre, perquè se li afegeixen olis o greixos per a la seva conservació. També té un efecte menys saciant perquè se li evapora l'aigua.*
- *Atenció: Les persones diabètiques han de controlar el consum de pa i les que tenen intolerància al gluten han de substituir el pa blanc pel pa de blat de moro.*

375 g de carbassó ratllat
3 ous batuts
la pell de 1/2 llimona ratllada
el suc de la 1/2 mitja llimona
375 g de farina blanca
125 ml d'oli d'oliva
2 culleradetes de llevat químic
100 g de sucre refinat
75 g de pinyons de pi

No ho heu sentit a dir mai? Quina barra! Aquell té cara de pa de quilo! N'hi ha per sucar-hi pa! Gent jove, pa tou!... Són expressions que fan referència a un dels aliments fonamentals per a l'espècie humana: el pa. En l'actualitat hi ha varietats de pa per triar i remenar; els forns semblen *boutiques* de moda! Des de ben petits roseguem pa. I ben fet que fem perquè és molt sa. Deixeu-vos de pastes industrials i altres potineries i oferiu pa als vostres fills i als vostres néts. No hi ha res com un bon entrepà per créixer de manera saludable!

Procediment

1. En un bol ben sec barregeu l'oli, el carbassó, els ous i la pell i el suc de la 1/2 llimona. **2.** En un altre bol barregeu la farina i el llevat tamisat, amb una mica de sal. Afegiu-hi el sucre i barregeu-ho tot molt bé. **3.** Afegiu la pasta de carbassó al damunt de la farina i barregeu-ho fins que quedi una massa homogènia. **4.** Finalment, afegiu-hi els pinyons i acabeu-ho d'amalgamar tot. **5.** En un motlle per fer pa de motlle, d'almenys 900 g de capacitat, feu una pel·lícula de mantega, i tot seguit de farina, perquè el pa pugui créixer sense esberlar-se. **6.** Poseu-hi la massa del pa i coeu-ho al forn 50-55 minuts a 180 °C. **7.** Deixeu refredar el pa al damunt d'una reixa.

Més d'1 hora

Escudella

Ingredients *per a 7 l d'aigua de cocció*
preparació 30 minuts, cocció unes 4 hores

1/4 de gallina de la part de la cuixa
1 braó de xai ben net de pell
2 ossos de canya de vedella
1/2 conill de vedella o un tall d'uns 400 g de jarret de vedella
1 peu de porc tallat en 2 meitats
2 ossos d'espinada de porc frescos
1 os d'espinada de porc salat
1 os de pernil salat de la part del garró
50 g de sagí
1 botifarra negra ben fresca

I PER AL CALDO DE VERDURES
3 pastanagues fermes
3 patates roges mitjanes
2 porros
1 ceba de Figueres mitjana
1/4 d'api-rave
2 naps de Canmay
3 branques d'api sense cap fulla
1/4 de col o 1/2 si és petita
2 xirivies mitjanes
200 g de cigrons sense remullar
3 claus d'olor

Els grecs i els egipcis utilitzaven l'api per decorar les tombes. Els àrabs en van descobrir les propietats medicinals. Nosaltres, però, som els més espavilats i ens agrada menjar-nos-el. Els apis es poden guardar a la nevera i també es poden congelar. Ara bé, no s'han de barrejar amb prunes i préssecs perquè aquests aliments acaben anul·lant el color de l'api i poden destrossar un plat!

Dades nutricionals: l'api
- *És molt diürètic i indispensable per al bon funcionament del cos. Conté uns olis essencials que afavoreixen l'eliminació de substàncies tòxiques a l'orina.*
- *Va bé per als problemes de retenció de líquids o afeccions articulars. I conté sodi, potassi i vitamines molt necessàries pel cos!*
- *Protegeix d'alguns trastorns de la pell com ara la psoriasi i és molt beneficiós per al sistema nerviós i limfàtic.*
- *Conté provitamina A, vitamina C i folats.*
- *S'utilitza en el tractament de processos inflamatoris com la gota o l'artritis.*
- *Atenció: Abusar del consum d'api cru pot resultar indigest.*

CEBES
1 €
API/CEBES
PASTANAGA
1'20 €
MONGETA
1 €
1 €

Procediment

1. La vigília, si no voleu utilitzar cigrons que ja siguin cuits, remulleu els cigrons amb aigua abundant, millor tèbia, afegiu-hi una cullerada de bicarbonat sòdic comú per tal d'estovar-los abans de la cocció, i deixeu-los així almenys 12 hores. **2.** Poseu totes les carns, excepte la botifarra negra, ben netes de pells i esbandides amb aigua freda, dins d'una olla grossa i cobriu-les amb aigua freda. Quan l'aigua bulli, torneu a esbandir les carns, llenceu l'aigua i renteu l'olla. **3.** Aboqueu els 7 l d'aigua dins l'olla i torneu a introduir les carns. Deixeu-ho a foc suau. **4.** Netegeu totes les verdures i poseu-les en un bol gran cobertes amb aigua freda perquè no s'oxidin. **5.** Quan l'olla arrenqui a bullir, baixeu el foc fins a la mínima ebullició, i introduïu les verdures fortes: l'api-rave, els naps, l'api, les xirivies i les pastanagues. **6.** Claveu els claus d'olor a la ceba i fiqueu-la a l'olla. **7.** Esbandiu els cigrons de l'aigua de remull. Fiqueu-los a l'olla i continueu la cocció. **8.** Afegiu una mica de sal, no amb la intenció de deixar el brou al punt de sal sinó per evitar que quedi el brou salat i les carns i verdures amb un punt de sal inferior. **9.** Tapeu l'olla, però posant la tapa al revés. Ara, creieu-me, poseu 2 dits d'aigua freda en la superfície de la tapa; així us assegurareu que no s'evapori l'escudella. Fins d'aquí a 1 hora no cal fer res més. **10.** Destapeu amb cura i comproveu que la temperatura "creuer" de cocció continua sent l'adequada. Afegiu-hi la resta de les verdures (els porros, les patates i la col) i torneu-ho a tapar per continuar la cocció. **11.** Al cap d'1 hora aproximadament, reviseu la cocció. Els cigrons, sencers però cremosos a la boca, són el veritable indicador que el procediment ha sigut òptim. **12.** Afegiu-hi la botifarra negra, i la punta de sagí si us agrada una mica més fort de sabor, i ja només restaran uns 5 minuts de cocció perquè aquests dos últims perfums s'introdueixin en el registre d'aromes tan ampli de l'escudella.

NOTA: Aquesta recepta fa referència únicament a la preparació i la cocció de l'escudella. Però a partir d'aquí encara es poden fer moltes més coses amb l'escudella. Per tant, no marxeu, continuarà...

Trinxat d'escudella

Ingredients *per persona*
preparació 10 minuts, cocció 10 minuts

1/2 patata de l'escudella
25 g de fulles de col de l'escudella
50 g de cigrons de l'escudella
1/2 pastanaga de l'escudella
1/2 nap de l'escudella
1 llonza de bull negre ample
1 sardina
1 tall de cansalada viada de 3 mm de gruix
1 gra d'all pelat i tallat a làmines

Els cigrons es poden comprar cuits i en conserva, o cuits del mateix dia i de manera artesanal. Però també es poden comprar crus i coure'ls a casa. Podríem fer una ruta gastronòmica del cigró i ens posaríem les botes perquè hi ha un munt de varietats de guisats i plats. Com el *cocido* madrileny, l'extremeny, el basc, el de la Rioja, l'andalús. A casa nostra, l'ús més tradicional dels cigrons és fer-los servir per a l'escudella.

Informació nutricional: els cigrons

- *Contenen hidrats de carboni, greixos insaturats i fibra.*
- *Les proteïnes dels cigrons són incompletes però si es mengen amb qualsevol altre cereal, com l'arròs o el blat, la proteïna que proporcionaran serà d'una qualitat biològica excel·lent.*
- *Són diürètics i contenen poc sodi, per tant, són bons en cas d'hipertensió arterial.*
- *Aporta força folats, tiamina o vitamina B1, calci, fòsfor, ferro, potassi i magnesi. Ah! i 330 calories per cada 100 grams.*
- *Atenció: S'ha d'anar amb compte perquè si no es masteguen prou bé poden ser indigestos.*

Procediment

1. Poseu totes les verdures dins d'un bol, preferentment plàstic i resistent, i trinxeu-les amb dues culleres, de la mateixa manera que un paleta treballa el guix dins d'una gaveta, fins a aconseguir una pasta de verdura trossejada. Adobeu-la amb una mica de sal. **2.** En una paella antiadherent petita poseu una mica d'oli d'oliva i fregiu-hi la sardina. Reserveu-la al damunt d'un paper assecant. **3.** Feu el mateix amb el tall de cansalada viada i ensenyeu tot just la superfície calenta de la paella al bisbe negre. **4.** Un cop hagueu deixat a la paella els greixos d'un peix i de dos moments diferents del porc, fregiu-hi les làmines d'all fins que siguin gairebé rosses i, seguidament, aboqueu el trinxat de verdura. **5.** Remeneu-ho ràpid amb una cullera de fusta i doneu-li forma de truita, a foc viu i fent-li fer un moviment circular a la paella per evitar que les verdures s'enganxin. **6.** Doneu-li la volta amb un cop decidit de canell: el trinxat convenientment descalçat del fons sortirà catapultat per quedar suspès gràcilment una dècima de segon i tornarà a caure descobrint-vos una sinuosa esquena daurada. No us emocioneu gaire amb l'èxit de la maniobra perquè si no continueu fent el moviment circular a la paella se us enganxarà. **7.** Ja només falta emplatar-ho. Amb el pas dels anys he arribat a la conclusió que la millor manera de mantenir la forma del trinxat és posar-lo directament de la paella al plat. Aquesta és la manera que mantingui al màxim la seva forma però, tranquils, en el millor dels casos abans d'aconseguir-ho se n'han de trencar 17 o 34. **8.** Poseu la llonza de bisbe, el tall de cansalada viada i la sardina al damunt, que s'escalfaran amb el caliu del trinxat.

NOTA: I fins aquí l'escudella, capítol 2. Continuarà...

La pilota d'escudella

Ingredients *per a 10 pilotes*
preparació 20 minuts, cocció entre 2 i 10 minuts, segons la mida de la pilota

250 g de carn picada de vedella
250 g de carn picada de porc (passades només un cop per la picadora)
100 cl de llet sencera
50 g de pinyons de pi
la molla d'uns 100 g de pa blanc del dia abans
1 culleradeta de canyella mòlta
pebre negre mòlt
3 rovells d'ou
una mica de farina

Durant l'edat mitjana els metges atribuïen a la xirivia propietats curatives i la utilitzaven per al mal de queixal, els dolors d'estómac o... per despertar el desig sexual! Jo, l'únic que us recomano és que la tasteu i us deixeu seduir pel seu agradable sabor. Per preparar-la, només cal rascar-ne la superfície amb un ganivet, repassar les zones rugoses per eliminar les restes de terra i posar-la una estona en remull. Podeu utilitzar-la al caldo, per fer guisats, per guarnir alguns plats de carn, per combinar-la amb pernil o barrejar-la amb altres verdures.

Informació nutricional: les xirivies

- *És un aliment molt nutritiu.*
- *Com que només conté 25 calories per cada 100 grams, i molt potassi i aigua, és un aliment perfecte per tractar l'obesitat. Us ajudarà a no retenir més líquids i a desinflar-vos una mica, menjant bé i sense patir!*
- *És molt recomanable per al colesterol.*
- *Aporta vitamina A i C.*
- *Les xirivies collides a finals d'hivern tenen un gust més dolç i saborós.*

Procediment

1. Bateu els rovells d'ou amb la llet i la canyella. **2.** En un bol gran, desfeu les carns per tal d'amalgamar-les i mulleu-les amb els rovells batuts en llet. Treballeu fins aconseguir una pasta homogènia. Salpebreu-la. **3.** Salteu els pinyons a foc baix en una paella sense oli fins que quedin torrats; daurats però no morenos. Afegiu-los a la carn. **4.** Tritureu la molla del pa en l'accessori per picar de la trituradora i afegiu-la seqüencialment a la massa de carn que se us desenganxi de les mans quan la manipuleu. **5.** Feu pilotes de la mida que us faci més gràcia i enfarineu-les. **6.** Passeu una mica d'escudella a una cassola més petita, poseu-la a foc baix i coeu-hi les pilotes a foc molt baix. Si ho feu a foc fort, les fibres de la carn s'arronsaran ràpidament i no tindreu pilotes sinó unes masses de geometria no identificable que dubtosament es podran associar amb la visió esfèrica que tothom reconeix en l'escudella de l'àvia... **7.** Un cop cuites, traieu-les amb cura i refredeu-les. Ja teniu les pilotes per a l'escudella a punt.

NOTA: I fins aquí l'escudella, capítol 3. Però continuarà: l'escudella dóna molt més de si...

Galets farcits de botifarra negra

Ingredients *per persona*

preparació 15 minuts, cocció 20 minuts

60 g de botifarra negra de l'escudella
1 de les xirivies de l'escudella
30 g de col de l'escudella
1/2 l de brou d'escudella
6 galets grossos, dels de Nadal
2 pilotetes o 1 pilota de l'escudella
els porros de l'escudella

La paraula botifarra és una paraula 100 % catalana que designa l'embotit que es fa farcint la tripa del porc amb carn magra de porc, greix, espècies, freixures i cotnes, que són la pell del porc sense ni un pèl. La diferència entre la botifarra negra i la blanca és que a la negra se li afegeix sang. Fonts ben informades asseguren que l'origen de la botifarra negra es troba als Pirineus, però la vostra nevera pot ser un hàbitat igualment apropiat.

Procediment

1. Arrenqueu a bullir el brou a foc suau en un cassó però que tingui prou alçada per cobrir totalment els galets durant la cocció. **2.** Fiqueu-hi els galets i bulliu-los a foc molt lent; penseu que els heu de farcir i que no voleu que es trenquin. De passada, prepareu un bol amb aigua i glaçons per refredar-los ràpidament després de la cocció. **3.** Trinxeu la col i els porros, i espremeu-los en un drap de fil o un colador de pas fi per retirar-ne l'excés d'aigua. **4.** Passeu

Informació nutricional: la botifarra negra

- *Important: les botifarres negres s'han de guardar a la nevera.*
- *Pel que fa als nutrients, tot depèn de les matèries primeres amb què està feta. Els components principals, però, són la proteïna càrnica d'un alt valor biològic i els lípids.*
- *Atenció: la botifarra negra té força sal, cal que ho tinguin present les persones amb la tensió alta!*

la xirivia pel mateix colador per separar la polpa de les fibres molestes. Recupereu amb una cullera la polpa que surt per l'altra banda del colador. Barregeu-ho amb la col i els porros. **5.** Per últim, afegiu-hi la botifarra negra esmicolada i feu una pasta uniforme i mal·leable. Poseu-ho al punt de sal. **6.** Fiqueu-ho en una màniga pastissera. Si no en teniu, fiqueu-ho en una bossa de plàstic neta, premeu la massa cargolant l'obertura de la bossa fins que s'exerceixi una pressió directa cap a una de les puntes de la bossa i talleu la punta en un diàmetre inferior al de l'obertura de la boca del galet. **7.** Ara toca farcir els galets. Emboqueu-hi la banya de farsa i ompliu-los. Poseu-los cap per avall en un plat fondo.

Repetiu l'operació fins que els tingueu tots farcits. **8.** Escalfeu el brou amb la pilota a dintre. Paral·lelament, poseu només una miqueta de brou al plat dels galets, filmeu el plat i escalfeu-lo durant 20 segons a tota potència al microones. **9.** Traieu el plat del microones, retireu el film i aboqueu el brou calent i la pilota.

NOTA: I fins aquí l'escudella, capítol 4. Continuarà...

Pilota amb salsa de xampinyons

Ingredients *per persona*

preparació 10 minuts, cocció 20 minuts

2 pilotetes de l'escudella
6 xampinyons de mida mitjana
1 copeta de vi negre de l'any, amb cos i grau
2 tomàquets de pera grossos
1 tassa de brou d'escudella
1/2 culleradeta de farina
1 bitxo petit
pebre negre en gra

Els xampinyons són dels pocs bolets que gairebé ningú busca a la muntanya. La immensa majoria són de cultiu i, per tant, el més fàcil és trobar-los a la botiga. Els venen en safata, sencers o laminats, i a granel, que és com surten més baratets. A l'hora de cuinar els xampinyons, hi ha mil alternatives: es poden fer al forn, a la brasa, a la planxa, i també es poden menjar crus.

Informació nutricional: els xampinyons

- *Són uns bolets rics en fòsfor i vitamina B2, i tenen molta fibra.*
- *Els xampinyons silvestres es fan des de l'agost fins a finals de la tardor. Si en colliu, vigileu que realment ho siguin!*
- *Atenció: Les persones amb àcid úric han de consumir els xampinyons amb molta moderació.*

Procediment

1. Escaldeu els tomàquets en aigua que bulli durant 15 segons i passeu-los immediatament a un bol d'aigua amb glaçons. **2.** Talleu-los a quarts longitudinals, peleu-los i traieu-los les llavors. Talleu la polpa en daus petits. **3.** Escalfeu un raig d'oli d'oliva en una paella antiadherent. Fregiu-hi el bitxo i uns grans de

pebre, i quan l'oli estigui calent aboqueu-hi els xampinyons. **4.** 1 minut més tard, afegiu el tomàquet i salpebreu. Cuineu a foc fort 2 minuts. **5.** Afegiu-hi la punta de farina i fregiu-ho només un moment. **6.** Aboqueu-hi el vi i deixeu-ho reduir fins que s'hagi evaporat tot l'alcohol i la salsa hagi agafat aspecte de melmelada d'un intens color morat. Afegiu el brou necessari per a obtenir una textura de salsa i poseu al punt de sal. **7.** Talleu la pilota en llenques d'1,5 cm d'amplada. Marqueu-les a la planxa a foc viu perquè es daurin per la superfície. **8.** Emplateu els talls de pilota i banyeu-los amb la salsa de xampinyons.

Com podem mantenir blancs els xampinyons?

Els hem de netejar bé, submergint-los en aigua freda. Després els podem ruixar amb la llimona perquè no es facin negres i guardar-los a la nevera. Talleu-ne el peu i la part de reticles negres. Traieu la primera capa de pell del barret amb la punta d'un ganivet esmolat. Ara, fiqueu-los en un cassó amb un ditet d'aigua, sal i una fulleta de llorer i tapeu-los. Porteu-lo a ebullició molt suaument. Un cop l'aigua arrenqui el bull, retireu el cassó del foc. Ja teniu els xampinyons preparats per a una lleu saltada o per utilitzar-los com a guarniment. Si els guardeu submergits en l'aigua que segreguen tapats a la nevera, us poden aguantar fins i tot dos dies.

Cuixa de cabrit al calvados amb patata dolça

Ingredients *per a 2 persones*
preparació 10 minuts, cocció 2 hores

1 cuixa de cabrit sense pell i preparada per al forn
3 pomes *golden*
1 porro
250 cc de caldo d'au
1 copa de calvados Père Magloire de 3 anys
50 g de sucre blanc
mantega

Sabeu quina és la diferència entre l'anyell, el *ternasco* i el cabrit? Preneu-ne nota els que sempre us confoneu: l'anyell és el corder, que s'alimenta amb llet de la mare, se sacrifica als 25 dies d'haver nascut i pesa 10 o 12 kg. El *ternasco* és el corder de 45 dies que pesa entre uns 14 i 15 quilos. I el cabrit... De cabrits el món n'està ple! El cabrit, com el seu nom indica, procedeix de la cabra. Creix entre pastures i ramats i se'l sacrifica quan és jove, amb pocs mesos de vida.

Informació nutricional: el cabrit

- *La carn de cabrit varia de qualitat segons diferents factors: el tipus d'animal, l'edat en què s'ha sacrificat i com ha estat sacrificat, i, finalment, com ha estat esquarterat.*
- *Conté molta vitamina B, necessària per tenir un sistema nerviós sa. És molt digestiva i, tot i que és vermella, no aporta gaire ferro, per tant no és especialment recomanable per a persones anèmiques.*
- *Exceptuant el fetge i els ronyons, és una carn magra i, per tant, apta per a persones amb el colesterol alt.*
- *En general, les parts de l'animal jove contenen més aigua i menor quantitat de proteïnes, greixos i minerals que les dels animals adults.*

Procediment

1. Prepareu una bresa amb el blanc del porro tallat petit i 1 de les pomes tallada a bocinets, amb la pell però sense llavors. **2.** Salpebreu la cuixa de cabrit per totes bandes i preescalfeu el forn a 180 °C. **3.** Daureu la cuixa a foc fort en una cassola de ferro colat que pugui anar al forn, i quan sigui rossa per totes bandes, flamegeu-la amb la meitat del calvados. **4.** No deixeu que redueixi excessivament i afegiu-hi la bresa de porro i la poma. Fornegeu-ho 5 minuts. **5.** Quan la bresa estigui lleugerament cuita, mulleu-ho tot amb el caldo d'au perquè no se us cremi, i abaixeu el forn a 140 °C. Continueu la cocció uns 30 minuts més. **6.** Peleu les altres 2 pomes i talleu-les per la meitat, retirant pells i llavors. **7.** En una paella, i a foc fort, salteu les pomes amb la nou de mantega. Després flamegeu-les amb la resta del calvados i afegiu-hi sucre. La reducció del calvados, juntament amb el suc que segreguen les pomes, dissoldrà el sucre; si es continua evaporant líquid, esdevindrà ros, i donarà una cobertura uniforme a les pomes que s'utilitzaran com a guarniment per al cabrit. **8.** Quan el cabrit estigui tendre i dauradet, retireu-lo de la cassola i passeu el contingut restant per un colador xinès, empenyent amb força, perquè la polpa de la poma espesseixi la salsa. **9.** Passeu la salsa a un cassó, rectifiqueu-la de sal i, si fos necessari, rectifiqueu la textura, afegint una mica més de polpa de poma o caldo d'au. **10.** Emplateu-ho: podeu desossar la cuixa i posar les pomes al centre del plat, al damunt el tall. Salseu-ho amb el suc del rostit.

SHURE
7

8€
All To
pepper's

Vedella amb bolets

Ingredients *per a 4 persones*
preparació 30 minuts, cocció 2 hores

600 g de bolets de temporada
800 g de vedella per estofar, en daus de 2 cm
2 cebes de Figueres
4 tomàquets tipus pera o 80 cc de tomàquet triturat
1 pastanaga mitjana
250 cc de vi negre de grau
250 g de patates esberlades crues
750 cc de caldo de vedella
6 avellanes
6 ametlles
1 culleradeta d'orenga torrada
1 culleradeta d'anís dolç
100 g de farina
1 gra d'all
oli de gira-sol

Boscos ben adobats, nits fresques, alguna gota de pluja i dies assolellats; aquesta és l'equació que permet que es facin bolets. Si teniu la sort de trobar-ne, cal consumir-los de seguida perquè no es facin malbé. Entre les receptes més comunes trobem els bolets saltats, barrejats amb ou o acompanyant la carn, com en aquesta recepta que segur que us sona.

Com preparar els bolets per a la cocció o la conservació?
Remulleu-los en aigua tèbia perquè desprenguin tota la sorra. Talleu-los el peu i feu-los arrencar el bull en una mica d'aigua, just la quantitat necessària perquè no se us cremin, i coeu-los a foc molt baix fins que quedin coberts del líquid que segreguen. Si els heu de conservar, feu-ho en aquest mateix líquid, així mantindran al màxim el sabor inicial.

Procediment

1. Salpebreu la vedella i enfarineu-la. **2.** Fregiu-la en oli de gira-sol, només una mica perquè es dauri per fora, i reserveu-la al damunt d'un paper absorbent que xucli l'excés de sang que deixi anar la vedella. **3.** Feu un sofregit amb la ceba i el tomàquet ben trinxats, i quan estigui llest, afegiu-hi el vi negre i deixeu que es redueixi tot a foc moderat-baix, fins que agafi textura de melmelada. **4.** Incorporeu-hi la vedella. I, després, el caldo en la quantitat justa per cobrir la carn. **5.** Espereu que arrenqui el bull i manteniu la cocció a foc lent. **6.** Peleu i talleu la pastanaga en daus d'1 cm. Reserveu-la submergida en aigua. **7.** Esberleu les patates en daus de 2 cm i reserveu-les també en aigua. **8.** Al cap d'uns 45 minuts de cocció, afegiu les patates i la pastanaga a la cassola, mantenint el foc molt suau, ja que la carn començarà a ser tendra. **9.** Llavors, feu la picada: poseu mig cassó del caldo que us ha quedat de la cocció de la cassola en el got de la trituradora i afegiu-hi les avellanes, les ametlles, mig gra d'all, l'anís dolç i l'orenga torrada. Tritureu-ho tot al màxim i reserveu-ho per al final de la cocció. **10.** En una paella i a foc viu, fregiu lleugerament l'altra meitat del gra d'all i, abans que sigui ros, salteu els bolets salpebrats. Reserveu-ho. **11.** Quan la patata, la pastanaga i la vedella siguin ben tendres, afegiu els bolets i la picada a la cassola. Deixeu que arrenqui el bull novament, barregeu-ho tot bé, aparteu-ho del foc... i llestos!

Gaspatxo mediterrani del Quintanilla

Ingredients *per a 4 persones*
preparació 10 minuts, cocció 1 hora l'escalivada,
10 minuts les sardines

3 pebrots vermells per escalivar
8 sardines grosses per fer a la planxa
4 tomàquets vermells
1 culleradeta d'orenga seca
vinagre de xerès envellit en bóta
2 xapates petites (d'uns 50 g cadascuna)
5 ametlles torrades
5 avellanes torrades
2 cebes grosses per escalivar
1 cabeça d'alls
2 llesques de pa d'ahir
oli d'oliva
aigua freda envasada

Les varietats més populars de pebrots vermells són el Califòrnia, que és més petit, i el Lamuyo, el de tota la vida, que és gros, ferm i més llarg. També hi ha els pebrots del Morrón, que venen envasats, o els *del piquillo*, que van molt bé per farcir! Els pebrots es poden preparar de moltes maneres però si els cuineu amb poc oli, us aportaran poques calories i uns nutrients molt interessants! Si ja ho diu la frase: "s'ha de tenir pebrots"...

Com es conserven els pebrots?
Si es guarden a la nevera, en una bossa de plàstic perforada, poden durar uns 15 dies. També els podem congelar, però abans caldrà o bé que els escaldem tres minuts o bé fer-los al forn. En tots dos casos els haurem de treure la pell abans de posar-los al congelador.

Procediment

1. Prepareu les hortalisses per escalivar: cobriu la plata del forn amb paper d'alumini i poseu al damunt, amb una pel·lícula d'oli d'oliva, els pebrots, la ceba, els tomàquets i la cabeça d'alls embolicada amb paper d'alumini. **2.** Poseu la plata al forn a 200 ºC i deixeu que es cogui de 45 minuts a 1 hora. **3.** Retireu-la del forn i tapeu-la amb paper de plata perquè puguem pelar-les millor. **4.** Traieu la pell de totes les verdures, amb cura que no hi quedi res que no sigui comestible. **5.** Netegeu les sardines traeient-los les escates amb cura de no malmetre'n la pell daurada. Després, talleu-los el cap i traieu-ne les freixures del ventre. Separeu les dues penques amb l'ajut d'un ganivet. Reserveu-ne els lloms. **6.** En el got de la trituradora poseu la fruita seca, prèviament torrada, l'orenga i l'escalivada, amb una mica d'aigua freda. Tritureu-ho fins que obtingueu una densitat semblant a la d'una crema. **7.** Afegiu-hi dues llesques de pa esmicolades i continueu triturant-ho. **8.** Afegiu-hi l'aigua que calgui per donar al gaspatxo la textura adequada, segons el gust del consumidor, i saleu-ho al punt. **9.** Rectifiqueu-ho de vinagre, afegiu-hi un bon raig d'oli d'oliva i reserveu-ho a la nevera. **10.** Per culminar el plat, talleu les xapates pel mig de manera que toqui una llesca per comensal i torreu-les. **11.** En una paella feu les sardines a la planxa. **12.** Per presentar-ho, utilitzeu un plat pla que sigui gran, poseu un bol amb el gaspatxo a una banda i la torrada amb les sardines a l'altra banda. Opcionalment, podeu fer una picada d'all i julivert per posar sobre les sardines.

Informació nutricional: els pebrots

- *Els pebrots dolços es poden menjar crus o cuits i van molt bé per als problemes d'estómac perquè afavoreixen la secreció de sucs gàstrics. Amb els picants cal vigilar més.*
- *El pebrot conté, sobretot, hidrats de carboni. És ric en potassi i pobre en sodi, per tant, és diürètic.*
- *Els pebrots vermells són molt rics en vitamina C. També contenen carotens, de propietats antioxidants, i vitamina A, essencial per a la visió, la pell, els cabells, els ossos, etc.*
- *Ajuden a regular la tensió, gairebé no tenen greix i aporten poques calories.*

Sípia amb mandonguilles

Ingredients *per a 6 persones*
preparació 30 minuts, cocció 1 hora

3 sípies mitjanes
1/2 l de fumet de peix
250 g de sofregit de ceba i tomàquet
250 g de carn picada de vedella
250 g de carn picada de porc (és important que les carns només hagin passat un cop per la picadora: amb 2 passades no la podríeu barrejar bé i les mandonguilles quedarien eixarreïdes)
la molla de 1/2 barra de pa
1 got de llet
1 got de pèsols congelats
farina per a les mandonguilles

I PER A LA PICADA

4 avellanes torrades
4 ametlles torrades
1 gra d'all picat
2 culleradetes d'anís dolç
julivert en fulla

Què fem amb el menjar que ens sobra?
El plat d'avui és generós i tindreu sípia per uns quants dies. Què podeu fer amb el menjar que us sobra? Si voleu menjar-lo demà, poseu-lo en una carmanyola i guardeu-la a la nevera. Si demà voleu canviar el menú, podeu guardar el menjar en una carmanyola i congelar-lo. Tindreu sípia durant setmanes. I un plat tan bo com aquest, no el podeu desaprofitar!

Si teniu un periquito, feu-lo feliç i compreu-li un os de sípia. I vosaltres, amb l'excusa, gaudireu d'una carn gustosa i amb molt poc greix! Com ocorre amb els calamars, els tentacles són l'arma secreta de la sípia. Els fan servir per atrapar la teca. I si els tentacles són l'arma secreta, la bossa de tinta és l'arma ultrasecreta que també s'aprofita per cuinar però, ep!, s'ha de fer ben cuita.

Procediment

1. Talleu la sípia en seccions d'uns 2 cm de costat. **2.** Poseu-la, en fred, amb el sofregit i una mica de fumet de peix, dins una cassola. **3.** Poseu-la a foc baix, i deixeu que arribi a ebullició molt lentament. Llavors baixeu encara una mica més el foc i tapeu la cassola. **4.** Feu les mandonguilles: en un bol mescleu la carn de vedella i la de porc. **5.** Mulleu-les amb una mica de llet per poder barrejar-les millor i salpebreu-ho. **6.** Amb l'accessori triturador de la trituradora, feu miques la molla de pa i aneu incorporant-la progressivament a la carn fins que agafi consistència i es desenganxi de les mans. **7.** En aquest punt és on heu de començar a manufacturar mandonguilles i anar-les disposant en una plata amb una base de farina. **8.** Quan la sípia sigui tendra, deixeu destapada la cassola. **9.** Afegiu les mandonguilles d'una en una, comprovant que no hagin xuclat massa farina: això lligaria excessivament la salsa i ho embrutaria tot del sabor de la farina crua. **10.** Mentre les mandonguilles es couen, 2 minuts aproximadament, prepareu la picada: poseu tots els ingredients en el got de la trituradora, mulleu-los amb una mica de fumet i tritureu-los fins que esdevinguin una pasta. **11**. Finalment, afegiu a la cassola els pèsols, comproveu-ne el punt de sal i afegiu-hi la picada. Deixeu que bulli 1 minut més i aparteu-ho del foc.

Informació nutricional: la sípia

- *Té proteïna d'alt valor biològic i poc greix.*
- *És molt rica en minerals com el iode, el zinc o el magnesi. També té molt de ferro, exactament 270 mil·ligrams per cada 100 grams. Està molt indicada per a persones amb anèmia.*
- *Atenció: Les persones amb colesterol elevat a la sang poden menjar-ne amb moderació i de tant en tant.*

Pollastre de pota blava rostit amb curri

Ingredients *per a 4 persones*
preparació 30 minuts, cocció 1 hora i 1/2

1 pollastre de pota blava
16 escalunyes
16 prunes panses sense el pinyol
2 cullerades soperes de curri de Madràs
12 castanyes crues
1/2 l de caldo d'au
oli d'oliva
pebre negre

El pollastre de pota blava no és altra cosa que el pollastre i el capó del Prat, que ja es valoraven notablement al segle XVIII. A principis del segle XX se'n van descriure les característiques de manera científica. Però a mitjan segle, amb l'aparició de la cria industrial, les races autòctones van anar de caiguda. Per sort, cap al 1970, una colla d'amants de la raça Prat van recuperar-la i la van resituar al lloc que li pertoca. Ara, poca broma, el pollastre i el capó del Prat estan reconeguts amb la IGP (indicació geogràfica protegida) i són criats en unes condicions de producció molt estrictes.

Informació nutricional: el pollastre de pota blava

- *Aporta proteïnes d'una qualitat equiparable a la de la carn vermella.*
- *Conté vitamina B3 i àcid fòlic, per la qual cosa s'aconsella en casos d'anèmia. També aporta minerals: fòsfor i potassi.*
- *Al desembre se celebra la Fira Avícola del Prat de Llobregat, el lloc ideal per comprar el pollastre de Nadal!*
- *El secret dels pollastres i els capons del Prat és, a més de la raça, el clima suau i mediterrani del Delta del Llobregat.*

Procediment

1. Demaneu que us preparin el pollastre per al forn: ben net per dins, sense les feixures, el fetge ni el pedrer. **2.** Embetumeu el pollastre amb oli com si li practiquéssiu un massatge corporal. **3.** En una tassa barregeu 1 culleradeta de sal, 1 culleradeta de pebre negre i 1 de les 2 cullerades de curri. Feu-li una camisa al pollastre amb aquesta barreja, el més fina i repartida possible. **4.** Preescalfeu el forn a 180 ºC i fiqueu-hi el pollastre uns 15 minuts perquè es dauri. **5.** Peleu les escalunyes; per fer-ho podeu submergir-les durant 5 minuts en aigua freda i la pell se separarà més fàcilment. **6.** Remulleu les prunes en una mica d'aigua tèbia. **7.** Practiqueu un petit tall a cada castanya, escaldeu-les en aigua bullint i refredeu-les. Així les podreu pelar crues. **8.** Quan el pollastre sigui ros, afegiu-hi les escalunyes i les castanyes. **9.** Quan veieu que comencen a fer-se rosses, afegiu-hi les prunes sense l'aigua i un raig de brou d'au perquè el rostit no quedi sec. **10.** A mesura que es vagi bevent el brou, afegiu-n'hi fins que veieu que el pollastre ja és tendre i dauradet, que les escalunyes s'han caramelitzat i que les castanyes no us faran mal a les dents pel fet de ser crues.

Annexos

Per què no ho fem servir per...?

Aquí us deixo una petita llibreria de salses i condiments que podeu trobar a qualsevol supermercat i que us permetran ampliar el registre cromàtic d'aromes amb què podeu jugar.

PASTES D'OLIVA

Si penseu en la feina que porta desossar les olives, no les trobareu cares. Poseu-ne una punta a la vinagreta d'una amanida, a les salses per a pasta, com a base d'un canapè o a la carn feta a la brasa.

SALSES PER LA BARBACOA

El quetxup o la salsa HP combinen bé amb la carn, però també serveixen per donar profunditat a qualsevol salsa, fins i tot es poden utilitzar a les bases de pizza, per gratinar lassanyes, etc.

CONFITURES DE FRUITA

Gelatines, chutneys... Combinen fantàsticament com a contrapunt dolç en una vinagreta àcida. Acompanyen formatges i són molt útils en rebosteria i per confeccionar almívars per a fruita.

BOVRIL

Substitutiu del fondo de bou. Si el diluïu en aigua i el deixeu reduir, gràcies a la gelatina de bou, lligarà. Per a fricandós, lacats al forn, brassejats, sopes, etc.

SALSA PICANT DE RAVENETS

Una recepta nòrdica per a peixos en adob semi-crus, però útil també en canapès, en vinagretes, en tàrtars de carn o hortalisses.

ROMESCOS

Picants, en pasta, preparats per menjar calçots... Feu-los servir com a picada en cassoles de peix, per amanir, per gratinar o en croquetes. Ideals per salsar coses fetes a la planxa o per posar al damunt d'una torrada.

MARINATS EN VINAGRE

Olives, bròquil, pastanaga, tàperes, alls... Entreu en aquest món apassionant. En amanides, per acompanyar embotits greixosos, preparacions d'ànec o salaons de peix.

SALSA DE SOJA I WASABI

La primera es pot fer servir per donar profunditat d'aroma als brous, en vinagretes o en saltats de verdures. El segon, per diluir-lo en salses, sopes o vinagretes picants.

SALSES DE MOSTASSA

N'hi ha de dolces, amargants, amb herbes o barrejades amb maionesa. Per a vinagretes, salses per a carn i peix, adobs, cremes de verdura, etc.

TABASCO

Només aporta sabor picant i tothom pot posar-se'n la quantitat que vulgui sense que imperi el criteri de ningú, perquè no s'incorpora durant la cocció sinó directament al plat.

MOJOS, CHIMICHURRI

Preparats, generalment picants, a base d'espècies i chilis, ideals per donar vida a una graellada, sigui de peix, de carn o de verdures. Útils per adobar carns per coure-les després a la planxa o guisades.

Índex de receptes

Menys de 15 minuts

De 15 a 30 minuts

De 30 minuts a una hora

Més d'una hora

Índex de productes

Agraïments

Equip de gravació (a la fotografia d'esquerra a dreta i de dalt a baix):

Jordi Esgleas (operador de càmera), Alba Balada (lingüista), M. Lluïsa Farré (directora), Vanessa Puerto (maquilladora), Joan Celdran (productor), Helena Todó (auxiliar de producció), Giannie Tognarelli (tècnic de so directe), Jonathan Díez (realitzador), Gemma Prat (productora), Isma Prados (cuiner i presentador), Jordi Ponsdomènech (realitzador) i Arola Vázquez (auxiliar de producció)

Direcció M. Lluïsa Farré
Assessorament nutricional Dra. Montse Folch
Producció Gemma Prat, Joan Celdran
Realització Carles Gené, Jonathan Díez, Jordi Ponsdomènech i Jordi Esgleas
Guió Anna Manso, Laia Aguilar

Agraïm la col·laboració de Gercuina, Cuinport, Riera
(www.riera.es/llistesdenoces) i l'Institut Municipal de Mercats de Barcelona.